Die Zittau-Oybin-Jonsdorfer Eisenbahn

VERKEHRSGESCHICHTE

Reiner Preuß

Die Zittau-Oybin-Jonsdorfer Eisenbahn

transpress

Einbandgestaltung: Andreas Pflaum
Titelbild: Bahnhof Bertsdorf 17.7.96.
Links Zug nach Kurort Jonsdorf mit DB 099 729,
rechts Zug nach Kurort Oybin mit DB 099 751
Foto: Reiner Preuß

ISBN: 3-613-71107-9

Ein Unternehmen der Paul Pietsch Verlage
GmbH+Co
1. Auflage 1999

Lektorat: Dr. Harald Böttcher
Innengestaltung: Viktor Stern
Druck: Maisch & Queck, 70839 Gerlingen
Bindung: Nething, 73235 Weilheim/Teck
Printed in Germany

Vorwort

Im Jahre 1980 erschien beim transpress Verlag Berlin das Buch »Schmalspurbahnen der Oberlausitz«, das jedoch schnell vergriffen war. Zu den in diesem Buch behandelten Schmalspurbahnen gehörte auch die Strecke von Zittau nach Kurort Oybin/Kurort Jonsdorf, auf der heute noch die Züge mit Dampflokomotiven fahren. Autor und Verlag haben sich entschlossen, das aktuelle Buch ausschließlich dieser interessanten Eisenbahnstrecke zu widmen, so daß die Entwicklung der Schmalspurbahn von Zittau nach Oybin und Jonsdorf von den Anfängen bis zur Gegenwart ausführlicher dargestellt werden kann.

Schon über 100 Jahre sind die Pfeifsignale der kleinen Dampflokomotiven in Zittau, Olbersdorf und im Gebirge zu hören. Die Schmalspurbahn verkörpert damit einen bedeutenden Abschnitt deutscher Verkehrsgeschichte. Mehrere Generationen haben sie erlebt und mit ihr gelebt, als Eisenbahner oder als Kunden der Eisenbahn. Die Arbeit der Eisenbahner und das Betreiben der Bahn wurden vielfach von politischen Umbrüchen und veränderten wirtschaftlichen Verhältnissen bestimmt. Nicht immer war der Dienst bei der Schmalspurbahn reine Freude, denn die Eisenbahner waren schlecht bezahlte Arbeitskräfte. Sie mußten zudem Kriege, Arbeitslosigkeit, Hungerjahre und und politische Willkür erleben. Zu diesem Thema, das im vorliegenden Buch nur partiell behandelt werden kann - insbesondere was das Leben der Eisenbahner auf der Zittauer Schmalspurbahn betrifft - gibt es einige lokale Veröffentlichungen, die im Quellennachweis genannt sind.

Ich bin Herrn Bauer (Zittau) und Herrn Sameiske von der SOEG für ihre zahlreichen Hinweise zu Dank verpflichtet. Danken will ich auch Herrn Scheffler (Oschatz) und Herrn Treichel (Berlin), die die Lokomotivtabellen durchsahen und berichtigten.

Berlin, im Mai 1999 — Reiner Preuß

Inhalt

1. Wie es begann 7
2. Bau und Eröffnung 16
3. Sechzehn Jahre Zittau-Oybin-Jonsdorfer Eisenbahn 21
4. Die Schmalspurbahn als sächsische Staatseisenbahn 30
5. Die Zittauer Schmalspurbahn bei der Deutschen Reichsbahn 36
   - Nachkriegsjahre 39
   - Bahnschicksal Braunkohle 44
6. Die Zittauer Schmalspurbahn bei der Deutschen Bahn 47
7. Die Sächsisch-Oberlausitzer Eisenbahngesellschaft 57
8. Alte und unerfüllte Pläne 61
9. Die Strecke und die Betriebsstellen 63
   - Der Zugverkehr 64
   - Betriebslänge 65
   - Die Eisenbahner 66
   - Die Betriebsstellen 66
     - Zittau 66
     - Zittau Hp 73
     - Abzweigstelle Neißebrücke 74
     - Zittau Süd 74
     - Zittau Kasernenstraße 77
     - Zittau Vorstadt 77
     - Olbersdorf Niederdorf 78
     - Olbersdorf Oberdorf 79
     - Bertsdorf 79
     - Kurort Oybin Niederdorf 81
     - Teufelsmühle 82
     - Kurort Oybin 82
     - Kurort Jonsdorf Hst 84
     - Kurort Jonsdorf 85
10. Lokomotiven, Triebwagen und Wagen 86
   - Die Dampflokomotiven der Zittau-Oybin-Jonsdorfer Eisenbahn und der Königlich Sächsischen Staatseisenbahn 86
   - Dampflokomotiven der Deutschen Reichsbahn, der Deutschen Bahn und der Sächsisch-Oberlausitzer Eisenbahngesellschaft 101
   - Dieseltriebfahrzeuge 106
   - Die Wagen 113

Abkürzungsverzeichnis 125

Quellenverzeichnis 126

1

Wie es begann

Die Oberlausitz liegt am südöstlichen Rand Deutschlands und ist eine Kulturlandschaft, die aus dem Markgrafentum Oberlausitz zwischen Pulsnitz im Westen, Zittau im Südosten und Muskau im Nordosten hervorging. Zum einst mächtigen, 1346 gegründeten Sechsstädtebund gehörten Bautzen, Görlitz, Lauban (heute Luban/Polen), Löbau, Kamenz und Zittau.

In der Industriestadt Zittau wurden zur Jahrhundertwende vorrangig Webwaren in allen drei Stufen der Verarbeitung hergestellt. Es gab Spinnereien, 14 Fabriken mit 6000 Webstühlen und Fabriken für die Veredlung. In dieser Stadt entstanden auch Werke des Textilmaschinenbaus, Maschinenfabriken, die Federnfabrik sowie Werke für Möbel und Pianos. Aus einer Fahrradfabrik entwickelte sich am Bahnhof das Phänomen-Werk für Lastkraftwagen. [1]

Im Südosten der Oberlausitz und dem heutigen Freistaat Sachsen liegt der Landkreis Löbau - Zittau und südlich der Stadt Zittau das 6 200 ha große Landschaftsschutzgebiet Zittauer Gebirge, dessen größte Erhebung, die Lausche, 793 m über NN hoch ist. Vulkanische Kuppen, Berge aus Sandstein und Felsmassen stehen dicht beieinander und bilden

Das romantische Oybintal war das Ziel der neuen Eisenbahn. Unterhalb des Berges Oybin (rechts) liegt der Bahnhof Kurort Oybin. Im Hintergrund des Bildes mit Turm der Hochwald (749 m), über den die tschechisch-deutsche Grenze verläuft (1965). Foto: R. Preuß

Am Hang des Jonsberges dampft der Zug dem Endbahnhof Kurort Jonsdorf entgegen (1991). Foto: Huth

als kleines Mittelgebirge den schönsten Teil der Oberlausitz. Oybin und Jonsdorf gehören zu den meistbesuchten Orten des Zittauer Gebirges, und seit 1890 verkehren Züge der Schmalspurbahn von Zittau zu diesen beiden Orten. Sehenswürdigkeiten in den beiden Orten an der Grenze zur Tschechischen Republik sind der Berg Oybin (513 m) - ein mächtiger Sandsteinkegel - mit Klosterruine und Bergfriedhof, der Töpfer (580 m) mit zahlreichen Felsfiguren aus Sandstein und der Hochwald (749 m), der eine weite Sicht auf das tschechische Mittelgebirge bietet. In Jonsdorf werden gern die Mühlsteinbrüche, die Nonnenfelsen besucht oder Wanderungen zur Lausche bei Waltersdorf begonnen.

Die Zittau-Oybin-Jonsdorfer Eisenbahn (ZOJE) war jedoch nicht die erste Schmalspurbahn in Zittau. Das Königreich Sachsen eröffnete bereits 1884 die 13,52 km lange schmalspurige Strecke in der Spurweite von 750 mm von Zittau nach Markersdorf. Die Bahn existierte bis zur polnischen Besetzung des östlichsten Zipfels von Sachsen im Jahre 1945. Die ZOJE war im Bahnhof Zittau und auf einem Streckenabschnitt von 1,65 km Länge Mitbenutzer der Staatsbahnstrecke. Der geschichtliche Zufall wollte es, daß die Schmalspurbahn in das Zittauer Gebirge seit 1996 wieder zweite Bahn im Bahnhof Zittau ist. Seitdem es die Schmalspurbahn zu den zwei Gebirgsdörfern gibt, erlebten diese Orte einen enormen Aufschwung. Sie profitierten nicht allein von den Kurgästen und Sommerfrischlern, besonders die zahlreichen Sonntagsausflügler aus der Industriestadt Zittau belebten die Wanderwege und führten dazu, daß Gaststätten und Bergbauden ausgebaut wurden.

Doch Oybin und Jonsdorf waren keineswegs von Anfang an im Gespräch, wenn es um Eisenbahnbauten ging. Zittau erhielt 1848 mit der Löbau-Zittauer Eisenbahn den ersten Eisenbahnanschluß. 1859 führte die Zittau-Reichenberger Eisenbahn nach Böhmen ins Österreichische, und 1868 war der erste Abschnitt der sogenannten Südlausitzer

Um den Bedingungen des Staates für eine Eisenbahn zu genügen, wurde für die Zittau-Oybin-Jonsdorfer Eisenbahn zum Schein eine Aktiengesellschaft gegründet. Auszüge aus dem Statut und Muster für Aktien. Sammlung R. Preuß

Statut

der

Zittau-Oybin-Jonsdorfer Eisenbahn-Gesellschaft.

Zittau.
Druck von Richard Menzel.
1886.

Bahn von Scheibe nach Großschönau fertiggestellt. 1875 erreichte die Eisenbahnstrecke von Görlitz die Stadt Zittau. Ausflügler fanden ihre Ziele an diesen Eisenbahnstrecken. Besonders gefragt war die Station Scheibe [heute Mittelherwigsdorf (Sachs)], die am Beginn des Roschertales lag. Ins Neißetal, einem weiteren Ausflugsziel, benutzten die Ausflügler die Züge Zittau–Görlitz. Nach Oybin jedoch mußte man laufen oder die Fahrpost benutzen. 1884 war die Schmalspurbahn nach Markersdorf fertiggestellt. Sie sollte mit einfachen Mitteln das landwirtschaftlich genutzte Gebiet zwischen Kipper und Neiße fördern. Wenn nicht gerade große Projekte, wie Böhmisch Leipa–Zittau über Oybin, im Gespräch waren, dann kamen die Orte im Zittauer Gebirge bei Eisenbahnprojekten nicht vor. Der sächsische Landtag beschäftigte sich intensiv mit Schmalspur-Projekten, aber nicht mit der Eisenbahnverbindung Zittau–Oybin/Jonsdorf. Das blieb dem Vorsitzenden des Oybiner Gebirgsvereins, Dr. Alfred Moschkau, vorbehalten, der sich bei der sächsischen Ständekammer für eine Eisenbahnlinie von Böhmen über Jonsdorf–Oybin nach Zittau einsetzte, jedoch ohne Erfolg. Er benutzte am 19. April 1884 die Versammlung des Zittauer Bürgervereins, für ein solches Eisenbahnprojekt zu werben. Ihm schloß sich der Zittauer Rechtsanwalt Dr. Alexander Thiemer an, und mit dem Kaufmann David Goldberg (und Moschkau) sowie weiteren fünfzehn Bürgern bildeten sie ein Komitee für einen Schienenweg über das Zittauer Gebirge. Das Komitee veranlaßte Untersuchungen für die Streckenführung sowie zur Wirtschaftlichkeit. Am 10. August 1884 ersuchte Thiemer beim Minister des Inneren um die Erlaubnis zu den generellen Vorarbeiten für eine schmalspurige Privateisenbahn. [2] [5]

Allgemeine Bestimmungen.

§ 1.

Name, Sitz und Zweck der Gesellschaft.

Unter der Firma Zittau-Oybin-Jonsdorfer Eisenbahn-Gesellschaft wird eine Aktiengesellschaft mit dem Sitz der Verwaltung in Zittau gebildet, welche den Bau und Betrieb einer schmalspurigen Sekundäreisenbahn von Zittau nach Oybin mit Zweigbahn nach Jonsdorf zum Zweck hat. Der Betrieb der Bahn wird der Kgl. Sächsischen Staatseisenbahnverwaltung übertragen, so lange nicht ein anderes Abkommen getroffen wird.

Die Bauanschläge unterliegen der Genehmigung des Königl. Finanzministeriums, ebenso die Bauprojekte und die Bahnlinie in ihrer vollständigen Durchführung.

§ 2.

Dauer der Gesellschaft.

Die Aktiengesellschaft beginnt mit dem Tage der Eintragung in das Handelsregister und ist die Dauer derselben auf eine bestimmte Zeit nicht beschränkt.

§ 3.

Das Grundkapital und die Aktien.

Das Grundkapital beträgt Mark deutsche Reichswährung und wird durch Ausgabe von Stück Stamm-Aktien oder Stück Prioritäts-Stamm-Aktien auf den Inhaber lautend und 1000 Reichsmark aufgebracht.

Die Prioritäts-Stamm-Aktien werden bei der Vertheilung des Reinertrags vorzugsweise mit 4½ % berücksichtigt (§ 16) und sind im Falle der Auflösung der Gesellschaft bei der Vertheilung des Gesellschaftsvermögens vor den Stamm-Aktien zu decken.

Schema I.

Stamm-Aktie

der

Zittau-Oybin-Jonsdorfer Eisenbahn-Gesellschaft

№ ....

über

Tausend Mark Deutscher Reichswährung.

Inhaber dieser Aktie ist nach Verhältniss des Betrages derselben und Gemässheit des Statuts am gesammten Eigenthum der Zittau-Oybin-Jonsdorfer Eisenbahn-Gesellschaft und an dem Gewinne und Verluste derselben betheiligt.

Zittau, den ....ten.................. 1886.

Zittau-Oybin-Jonsdorfer Eisenbahn-Gesellschaft.

(L. S.) Die Direktion.

(Facsimilirte Unterschriften.)

Eingetragen Fol. .... des Aktienbuchs.

(Unterschrift des Beamten.)

Schema Ia.

Dividendenschein

zur

Stamm-Aktie № ....

der

Zittau-Oybin-Jonsdorfer Eisenbahn-Gesellschaft.

Der Inhaber dieses Scheines empfängt gegen Einlieferung desselben die auf obige Aktie fallende Dividende für das Jahr 18...., deren Betrag von der Generalversammlung festgesetzt und von der Direktion bekannt gemacht wird.

Zittau, den ......ten.............. 18........

Die Direktion

(L. S.) der Zittau-Oybin-Jonsdorfer Eisenbahn-Gesellschaft.

(Facsimilirte Unterschriften.)

Eingetragen Fol. .... des Dividendenschein-Registers.

(Unterschrift des Beamten.)

Dividendenscheine, welche 4 Jahre nach dem Fälligkeitstermine nicht erhoben werden, verfallen zu Gunsten der Gesellschaft.

Das mußte bei der sächsischen Regierung auf Bedenken stoßen. Nach den schlechten Erfahrungen mit privaten Eisenbahnprojekten – manche waren Hirngespinste, die die staatlichen Stellen nur beschäftigten, andere wiederum gingen in Konkurs, und vom Staat wurde erwartet, daß er das Eisenbahnprojekt zum Erfolge führe – wollte man deshalb Eisenbahngründungen Privaten nicht mehr überlassen. Es sollten nur noch staatliche Eisenbahnlinien gebaut werden. Schmalspurbahnen waren dort vorgesehen, wo die Rentabilität nicht hoch ausfallen würde, die Region aber auf eine Eisenbahnlinie nicht verzichten sollte. Die finanziellen Mittel des Landes reichten nicht für jeden Wunsch nach einer Eisenbahnstrecke. Deshalb erlaubte der Landtag den Bau einer privaten Eisenbahnlinie nur im Ausnahmefall.

Allein dem energischen Drängen des umtriebigen Thiemers ist es zuzuschreiben, daß sich Regierungsstellen in Dresden auf die Gesuche einließen. Für die Vorarbeiten mußte Thiemer eine Kaution von 2000 Mark hinterlegen. Außerdem wurde gefordert, die Schmalspurbahn nicht erst – wie zunächst gedacht – im Süden Zittaus beginnen zu lassen, sondern auf dem Bahnhof Zittau, weil so der Übergang von Gütern möglich würde. Den Auftrag für die speziellen Vorarbeiten erhielt die Baugesellschaft Davy, Donath & Co. Sie mußte u. a. die Streckenführung auswählen und abstecken, die Baupläne zeichnen und den Bauaufwand berechnen. Nach dem Konkurs dieser Baugesellschaft sprang die Berliner Firma Reymer & Masch ein. Die Arbeiten gingen voran, aber die Finanzierung des Bauvorhabens blieb unklar. Dem Komitee fiel es schon nicht leicht, die Kosten für die Bauzeichnungen (z. B. Längs- und Querprofile, Grundrisse) zu begleichen, und David Goldberg als Kassierer des Komitees hatte alle Mühe, Spenden für das Bahnprojekt zu finden. Für Zittau–Oybin entstanden Kosten von 3 962 Mark. Für Bertsdorf–Jonsdorf war eine besondere Kasse geführt worden. Zu den Spendern gehörten Fabrikanten, Gastwirte im Gebirge, Garnhändler, die mit der Bahn ihre Bleichen in Olbersdorf und Jonsdorf erreichen wollten, und der Zittauer Bürgermeister. Zittaus Industrie hatte sich von der Wirtschaftskrise noch nicht erholt. So konnte auch die Oberlausitzer Bank das Bahnprojekt nicht finanzieren. Wie schwierig die Sache wurde und welches Geschick der findige Anwalt Thiemer aufbrachte, schildert der Historiker Bauer ausführlich in seiner Schrift »Reverenz für eine kleine Bahn« [2]. Thiemer organisierte, daß sich eine Aktiengesellschaft »Zittau-Oybin-Jonsdorfer Eisenbahngesellschaft« gründete, und er verteilte deren Statut. Angeblich konnten für die neuen Bahn Aktien gezeichnet werden. In Wirklichkeit kam das Kapital von 1 500 000 Mark von der Berliner Genossenschaftsbank Soergel, Parrisius & Co., die hier große Gewinne erhoffte. In Zittau hätten sich vermutlich nur wenige Kaufwillige für die Aktien gefunden. Die Eisenbahngesellschaft konstituierte sich mit Hugo Castner als Direktor und Hermann Roscher als Vorsitzenden des Aufsichtsrates am 28. August 1888 mit Sitz in Zittau, was jedoch 1892 berichtigt wurde. Von da an galt Dresden als Sitz der Gesellschaft.

Mehrmals wechselten Schriften zwischen Gesellschaft und Regierung, aber am 28. März 1889 ging mit der Konzessionsverleihung der Papierkrieg zu Ende. Nun konnte gebaut werden.

Gesetz- und Verordnungsblatt

für das Königreich Sachsen.

4. Stück vom Jahre 1889.

Inhalt: Nr. 14. Allerhöchstes Decret, die Concessionirung der Zittau-Oybin-Jonsdorfer Eisenbahngesellschaft betr. S. 25. — Nr. 15. Verordnung, die Enteignung von Grundeigenthum zu Erbauung der Kamenz-Elstraer Eisenbahn betr. S. 31. — Nr. 16. Verordnung, die Enteignung von Grundeigenthum zu Erbauung der Bautzen-Königswarthaer Eisenbahn betr. S. 32. — Nr. 17. Bekanntmachung, eine Anleihe der Aktiengesellschaft „Bürgerliches Brauhaus Dresden-Plauen" betr. S. 34. — Nr. 18. Verordnung, Ernennungen für die I. Kammer betr. S. 34.

Nr. 14. Decret

wegen Concessionirung der Zittau-Oybin-Jonsdorfer Eisenbahn-Gesellschaft;

vom 28. März 1889.

Wir, Albert, von GOTTES Gnaden König von Sachsen

2c. 2c. 2c.

thun hiermit kund, daß Wir der unter der Firma: „Zittau-Oybin-Jonsdorfer Eisenbahngesellschaft" zusammengetretenen Aktiengesellschaft zum Bau und Betriebe einer schmalspurigen Secundäreisenbahn von Zittau nach Oybin nebst Zweigbahn von Bertsdorf nach Jonsdorf die erforderliche Concession unter den aus der Anlage unter ⊙ ersichtlichen Bedingungen ertheilt haben.

Wir wollen, daß dem Inhalte dieser Concessionsbedingungen von Jedermann, den es angeht, auf das Genaueste Folge gegeben werde und haben zu dessen Beurkundung gegenwärtiges

Concessionsdecret

unter eigenhändiger Vollziehung ertheilt, auch demselben Unser Königliches Siegel beisetzen lassen.

Dresden, am 28. März 1889.

Albert.

(LS)

Hermann von Nostitz-Wallwitz.
Leonce Freiherr von Könneritz.

Ausgegeben zu Dresden den 30. April 1889. 6

⊙

Concessionsbedingungen

für die schmalspurige Secundäreisenbahn von Zittau nach Oybin nebst Zweigbahn von Bertsdorf nach Jonsdorf.

§ 1. Der zum Zwecke der Herstellung einer schmalspurigen Secundäreisenbahn von Zittau nach Oybin nebst Zweigbahn von Bertsdorf nach Jonsdorf unter der Firma: „Zittau-Oybin-Jonsdorfer Eisenbahn-Gesellschaft" zusammengetretenen Aktiengesellschaft, welche ihr Domicil und den Sitz ihrer Verwaltung in Zittau hat, wird zum Baue und Betriebe dieser Bahn unter nachfolgenden Bedingungen und näheren Bestimmungen Concession ertheilt.

§ 2. Das Anlagekapital für das ganze Unternehmen — einschließlich des Bedarfes zur Verzinsung des eingezahlten Kapitals während der Bauzeit — wird auf

Eine Million und Fünf Hundert Tausend Mark
(1 500 000 Mark)

festgestellt.

Dasselbe ist mindestens zur Hälfte in Stammactien, rücksichtlich deren die ursprünglichen Zeichner nach Art. 222 des Allgemeinen Deutschen Handelsgesetzbuches jedenfalls bis zur Höhe von 40 % verhaftet bleiben, aufzubringen.

Die Beschaffung des Restes kann nach Befinden durch Anleihen mittels Ausgabe von auf den Inhaber lautenden Schuldscheinen erfolgen, zu welcher seiner Zeit auf Grund der besonders einzureichenden Anleihepläne die gesetzlich erforderliche Genehmigung zur Ausgabe von auf den Inhaber gestellten Anleihescheinen einzuholen ist. Es wird jedoch eine solche Genehmigung nicht eher ertheilt werden, als bis mindestens 40 % des Aktienkapitals wirklich eingezahlt und in das Unternehmen verwendet sind.

§ 3. Zur Deckung außerordentlicher, der Unterhaltung und dem gewöhnlichen Betriebe nicht angehörender Ausgaben ist ein Reservefonds zu bilden, in welchen die Hälfte des 4 % übersteigenden Reinertrags — bis zu 1 % — alljährlich einzulegen ist, bis derselbe 5 % des Anlagekapitals erreicht hat. Dieser Reservefonds darf zu anderen als den zuvor bezeichneten Zwecken nicht verwendet werden.

Durch vorstehende Bestimmung wird die Verpflichtung zur Ansammlung des in Art. 185b in Verbindung mit Art. 239b des Reichsgesetzes, betreffend die Kommanditgesellschaften auf Aktien und die Aktiengesellschaften vom 18. Juli 1884, vorgeschriebenen, zur Deckung eines aus der Bilanz sich ergebenden Verlustes bestimmten Reservefonds nicht ausgeschlossen.

§ 4. Die Bahn ist nach dem von der Regierung zu genehmigenden Bauplane für Locomotivbetrieb eingleisig und zwar den Bestimmungen der Bahnordnung für Deutsche Eisenbahnen untergeordneter Bedeutung vom 12. Juni 1878, sowie den vom Finanz-Ministerium zu erlassenden Bauvorschriften entsprechend binnen längstens 18 Monaten, von Ertheilung der Concession an gerechnet, betriebsfähig herzustellen und auszurüsten. Für die tüchtige Ausführung der Bahn sammt Zubehör innerhalb dieser Frist, für die Anschaffung der erforderlichen Transportmittel, für die aus der Expropriation etwa erwachsenden Ansprüche haftet die von der Gesellschaft bei der Cautionskasse hinterlegte Caution von 60 000 Mark.

Für die Ansprüche des Staatsfiskus aus dem Vertrage über den Betrieb der Bahn und über die der Gesellschaft gestattete Mitbenutzung des Bahnhofes Zittau haftet die nach Maßgabe dieses Vertrages bestellte besondere Caution von 30 000 Mark.

§ 5. Die Leitung des Baues der Bahn darf nur solchen Technikern übertragen werden, welche das Finanz-Ministerium als hierzu geeignet bestätigt hat.

Die Ausführung des Baues steht unter der technischen Oberaufsicht und Controle der Staatsregierung und ist die Gesellschaft verbunden, den in Ausübung dieses Aufsichtsrechtes gegebenen Anordnungen der Regierung und der von ihr beauftragten Beamten Folge zu leisten.

§ 6. Für den Bau, insbesondere auch für die Stationsanlagen und ihre Hochbauten sowie für das Profil des freien Raumes der Bahn, ferner für die Beschaffenheit der Betriebsmittel sind im Allgemeinen, und soweit nicht etwas Abweichendes vom Finanz-Ministerium bestimmt wird, die für schmalspurige Staatseisenbahnen im Königreiche Sachsen jeweilig geltenden Normalien maßgebend.

§ 7. Im Einzelnen ist beim Bahnbau Folgendes zu beachten:

1. Als Profil des lichten Raumes ist das Normalprofil der sächsischen Schmalspurbahnen für den Rollbockverkehr einzuhalten; es ist daher bei Wegeüberführungen eine Höhe von 4,15 m und eine Breite in der Geraden von 3,2 m nöthig.
2. Die den Bahnkörper durchschneidenden Rohrleitungen sind von Eisen herzustellen.
3. An der Kreuzung mit öffentlichen Straßen sind Schutzschienen von Eisen oder Holzfutter anzubringen.

§ 8. Die Steigungsverhältnisse und Krümmungshalbmesser, die Construction des Oberbaues, die Transportmittel und das Signalwesen, die Kreuzungen mit Straßen und Wegen sowie die Regulirungen von Wasserläufen, die Anlage und Einrichtung der Stationen und Haltepunkte und die Projectirung der Hoch- und Kunstbauten bedürfen specieller Genehmigung der Staatsregierung, auch kann letztere die Anlegung neuer Stationen und Haltepunkte im Interesse des öffentlichen Verkehrs anordnen.

§ 9. In Zittau ist die Bahn in den dortigen Staatsbahnhof einzuführen. Daselbst wird der Gesellschaft die Mitbenutzung der vorhandenen schmalspurigen Bahnhofsanlagen gestattet werden. Nur für den Fall, daß diese Anlagen einmal für den Verkehr beider dort einmündenden Schmalspurbahnen nicht mehr genügen sollten und daß der Raum für die nöthige Erweiterung daselbst nicht zu beschaffen wäre, bleibt der Staatseisenbahnverwaltung vorbehalten, die Herstellung eines eigenen Anschlußbahnhofes der Privatbahn zu verlangen. Hiernächst ist die Gesellschaft verbunden, dem Anschlusse anderer Bahnen, vorbehältlich der Verständigung über die Art der Ausführung, kein Hinderniß in den Weg zu stellen.

Kommt über solche Anschlüsse keine gütliche Vereinbarung zu Stande, so entscheidet die Staatsregierung.

§ 10. Der Baurechnung ist das bei den Deutschen Eisenbahnen eingeführte Normalbuchungsformular zu Grunde zu legen.

§ 11. Der Betrieb der Bahn wird der sächsischen Staatseisenbahnverwaltung für alle Zeiten überlassen und wird von derselben ebenso wie die Bahnunterhaltung nach den für die fiskalischen Schmalspurbahnen geltenden Grundsätzen für Rechnung der Gesellschaft auf Grund eines von derselben mit der Generaldirection der Staatseisenbahnen vereinbarten besonderen Betriebsvertrages, in welchem zugleich über die Bedingungen für die Mitbenutzung des Bahnhofes Zittau und für diejenige der fiskalischen Schmalspurbahn vom Bahnhof bis zur Haltestelle Zittau Bestimmung getroffen ist, besorgt werden. Die nach dem Ermessen der Betriebsverwaltung jeweilig erforderlichen Betriebsmittel sind derselben von der Gesellschaft zur Verfügung zu stellen, auch hat die Gesellschaft etwaige Betriebszuschüsse nach Abschluß der Jahresrechnung unverweilt zu decken.

Zu Erfüllung vorstehender Obliegenheiten kann die Gesellschaft seiten der Aufsichtsbehörde nach Befinden durch Strafauflagen angehalten werden. Falls auch die letzteren erfolglos bleiben sollten, hat sich die Gesellschaft der Concessionsentziehung zu gewärtigen.

§ 12. Die Tarife und Fahrpläne, sowie deren Abänderungen werden von der Staatsregierung festgestellt. Die Tarife sollen jedoch ohne Zustimmung des Gesellschafts-Directoriums nicht niedriger bemessen werden, als die für die fiskalischen Schmalspurbahnen jeweilig geltenden Tarife.

§ 13. Die Gesellschaft hat geschehen zu lassen, daß in Betreff der Gewährung freier Fahrt an die Beamten der staatlichen und communalen Polizeiverwaltung sowie

an sonstige staatliche Beamte beim Betriebe der Bahn nach den für die fiskalischen Schmalspurbahnen geltenden Grundsätzen verfahren wird. Auch ist dieselbe verpflichtet, auf denjenigen Stationen oder Haltepunkten, wo es für erforderlich erachtet wird, eine geeignete Lokalität zum Polizeibureau einzurichten, zu meubliren, in gutem Stand zu erhalten und für deren Beleuchtung, Heizung und Reinigung zu sorgen.

§ 14. Der durch die etwa nöthige Aufstellung von Hilfsgendarmen zur polizeilichen Beaufsichtigung der Eisenbahnarbeiter während der Bauzeit entstehende außerordentliche Aufwand ist von der Gesellschaft zu ersetzen.

§ 15. Die Gesellschaft ist verbunden, dafür Sorge zu tragen, daß beim Bau ihrer Bahn den allgemein giltigen Vorschriften über Unfall- und Krankenversicherung sowie den etwa noch in Geltung tretenden Bestimmungen über Altersversorgung der Arbeiter entsprochen wird.

§ 16. Wenn in Folge des Baues der Eisenbahn zum Zwecke der Verbindung der einzelnen Stationen und Haltepunkte mit den nächstgelegenen Orten oder Straßen die Anlegung neuer oder der Umbau und die grundhaftere Herstellung schon vorhandener Wege und Straßen nach straßenpolizeilichem Ermessen sich nöthig macht, so fällt der durch diese Veranstaltung entstehende Bau- und Unterhaltungsaufwand der Eisenbahngesellschaft zur Last, insoweit nicht nach Beschaffenheit der Umstände eine Mitleidenheit der betreffenden Flurgemeinden oder sonstigen Baupflichtigen einzutreten hat, worüber die Entscheidung der Staatsregierung zusteht.

Diese Entscheidung wird nach den beim Bau fiskalischer Bahnen untergeordneter Bedeutung üblichen Grundsätzen erfolgen.

§ 17. Wenn im öffentlichen Interesse Störungen oder Unterbrechungen des Betriebes eintreten beziehentlich verfügt werden, so wird hierdurch ein Entschädigungsanspruch der Gesellschaft nicht begründet. Auch für Kriegsbeschädigungen und Zerstörungen, es mögen solche vom Feinde ausgehen, oder im Interesse der Landesvertheidigung veranlaßt werden, kann die Gesellschaft vom Staate oder vom Reiche einen Ersatz nicht in Anspruch nehmen.

§ 18. Wegen aller Ansprüche, welche wegen des Betriebes der Bahn von Dritten gegen den Staatsfiskus erhoben werden sollten, hat die Gesellschaft denselben schadlos zu halten.

§ 19. Die Verpflichtungen der Gesellschaft gegenüber der Reichspost- und Reichstelegraphen-Verwaltung richten sich nach den in dieser Beziehung für das Deutsche Reich allgemein geltenden Bestimmungen und den etwa zu treffenden besonderen Vereinbarungen.

§ 20. Gegenwärtige Concession wird auf 50 Jahre ertheilt. Die Königliche Staatsregierung behält sich jedoch das Recht vor, das Eigenthum an der Bahn nebst allem Zubehör jederzeit zu erwerben. Macht die Staatsregierung von diesem Rechte innerhalb der ersten 10 Jahre nach Eröffnung des Betriebes auf der ganzen Bahn Gebrauch, so ist als Kaufpreis das auf den Bau und die Ausrüstung der Bahn nach Ausweis der Baurechnung thatsächlich verwendete Anlagekapital zu gewähren. Falls aber die Staatsregierung erst nach Ablauf von 10 Jahren seit der Betriebseröffnung von dem Ankaufsrechte Gebrauch macht, so geschieht dies gegen Gewährung des zwanzigfachen Betrages des letzten auf Grund der Betriebsrechnungen ermittelten fünfjährigen Durchschnitts-Reinertrages. Diese fünf Jahre sind von dem letzten Jahresrechnungsschluß an, welcher der Ankündigung zum Ankauf vorhergegangen ist, zurückzurechnen.

Bei Aufstellung dieser Reinertrags-Rechnung bleibt der Betrag der in den letzten fünf Jahren aus den Betriebseinnahmen bezahlten Schulden bei der Ausgabe unberücksichtigt, es wird vielmehr der Reinertrag um diesen Betrag erhöht.

Vorstehende Bestimmungen über die Berechnung des Kaufpreises gelten jedoch nur, wenn die Erwerbung nicht in Folge Erlöschens der Concession erfolgt, während dann, wenn die Concession erlischt, — gleichviel ob dies vor der Betriebseröffnung oder zu irgend einer Zeit nach derselben geschieht — für einen Erwerb der Bahn durch den Staat die unten im § 21 getroffenen Bestimmungen in Kraft treten.

Im Falle des Ankaufes der Bahn ohne vorheriges Erlöschen der Concession geht die Bahn sammt sämmtlichen Gebäuden, Grundstücken ꝛc., ferner allen Betriebsmitteln und Materialvorräthen, dem etwa vorhandenen baaren Betriebs- und Reservefonds, sowie überhaupt allen Activen an den Staat über, wogegen dieser sämmtliche ihm bekannt gemachte Passiven zu alleiniger Vertretung übernimmt.

Die Staatsregierung wird von der Absicht des Ankaufs — falls derselbe nicht in Folge des Erlöschens der Concession erfolgen sollte (vergl. § 11 a. E. und § 21) — dem Gesellschaftsdirectorium sechs Monate zuvor amtliche Mittheilung machen.

§ 21. Außer den in § 11 a. E. gedachten Fällen erlischt die Concession vor Ablauf von 50 Jahren, wenn die Bahn innerhalb der in § 4 bestimmten Bauzeit nicht betriebsfähig hergestellt und der Staatseisenbahnverwaltung zur Betriebseröffnung übergeben oder wenn die nach § 4 der Concessionsbedingungen bestellten beiden Cautionen im Falle ihrer vollständigen oder theilweisen Inanspruchnahme nicht alsbald erneuert oder ergänzt werden. Erlischt die Concession, so verfallen die gedachten Cautionen soweit sie noch vorhanden sind — dem Staate. Solchenfalls ist auch die Staatsregierung berechtigt aber nicht verpflichtet, das Eigenthum an dem erworbenen Grund und Boden und an dem ausgeführten Theile des Unter- und Oberbaues sammt Zubehör ganz oder theilweise, und zwar, was den Grund und Boden betrifft, zu dem dafür von der Gesellschaft gezahlten Preise, was dagegen den Unter- und Oberbau, ferner die Hochbauten nebst Zubehör, die Betriebsmittel und das sonstige mobile Inventar anlangt, gegen den Taxwerth zu erwerben.

§ 22. Erlischt die Concession, ohne daß die Staatsregierung von dem Rechte, die Bahn ganz oder theilweise zu erwerben, Gebrauch macht, so sind — insoweit letzteres nicht geschieht — die auf den Kreuzungen öffentlicher Wege oder Plätze befindlichen Bahnanlagen unter Wiederherstellung des früheren Zustandes auf Kosten der Gesellschaft zu beseitigen. Die Staatsregierung ist alsdann auch berechtigt, diese Beseitigung für Rechnung der Gesellschaft selbst ausführen zu lassen.

§ 23. Die Genehmigung der Staatsregierung ist erforderlich zu jeder Aenderung des Gesellschaftsstatutes, insbesondere auch für den Fall, daß die Gesellschaft beschließen sollte, die Bahn zu verkaufen oder sie mit einem anderen Unternehmen zu vereinigen oder sich aufzulösen.

§ 24. Zur Handhabung ihres Aufsichtsrechtes wird die Staatsregierung einen beständigen Commissar ernennen, welcher den Verkehr der Staatsregierung mit dem Gesellschaftsdirectorium in allen nicht die speciell technische Aufsicht durch die Organe des Finanz-Ministeriums oder die Betriebsführung betreffenden und nicht zu unmittelbarem Einschreiten der competenten Gerichts- oder Verwaltungsbehörden geeigneten Fällen vermitteln wird.

§ 25. Etwaige Bestimmungen des Gesellschaftsstatutes, welche mit vorstehenden Concessionsbedingungen in Widerspruch stehen, sind ungiltig.

Das Dekret Nr. 14 vom 28. März 1889 als Erlaubnis für die private Zittau-Oybin-Jonsdorfer Eisenbahn. Es legte zugleich die Bedingungen fest.

2

Bau und Eröffnung

Festlich, als »erster Spatenstich«, begann der Bahnbau am 9. August 1889. Nach Gesang und Reden sowie Böllerschüssen wurden in Nähe der Jonsdorfer Schule, am Standort der späteren Station Jonsdorf , eine Karre mit Erde beladen und das Ereignis gefeiert. Die Erdarbeiten für die Bahntrasse begannen am Folgetag, jedoch nur bis zur Gemeindegrenze in Höhe der späteren Station »Jonsdorf Bad«, weil von Zittau noch keine Baugenehmigung vorlag. Tatsächlich begann der Bahnbau früher, und zwar am 26. Juni 1889 in Oybin.

Der vorgesehene Standort des Bahnhofs Oybin rief zunächst einigen Ärger hervor, denn Naturfreunden wäre die Lage des Bahnhofs »etwas weiter unten«, außerhalb des Oybintales, lieber gewesen. Zuerst hatte man den Bahnhof auf der Kretschamwiese in der Nähe des heutigen Hotels »Oybiner Hof« vorgesehen. Dann entschied man sich für die Wiese am (damaligen) Bad. Ein Vertreter des Finanzministeriums stimmte dem bei einer Besichtigung zu, da dies den allgemeinen Verkehrsinteressen entsprechen würde. [7] Bei der Ausschreibung für das Oybiner Bahnhofsgebäude erhielt die Zittauer Firma Funke den Zuschlag. Der Grundstein wurde am 10. Mai 1890 gelegt. Das Gebäude paßte sich gut in die idyllische Landschaft ein. Das Hebefest fand am 18. Juli statt.

Die Arbeitsgeräte zum Streckenbau bestanden nur aus Handwerkzeugen, Schubkarren und Kipploren. Probleme gab es mit der Felsnase am Einsiedel (nahe Haltepunkt Teufelsmühle). Sie mußte weggesprengt werden, und es war eine Stützmauer zu errichten. Dafür wurden überwiegend italienische Arbeiter eingesetzt.

In Zittau begann man am 16. September 1889 zu bauen. Am Anschlußpunkt der Markersdorfer Schmalspurbahn mußten Erdmassen aufgeschüttet werden (später Abzweigstelle Neißebrücke). Der anschließende Winter unterbrach die Bauarbeiten. Das Baubüro setzte sich währenddessen mit Entschädigungsforderungen und Einsprüchen auseinander. Probleme stellten sich ein bei der Lage des Bahnhofs, auf dem die Zweiglinie nach Jonsdorf beginnen sollte (siehe Abschnitt 9), und mit den Entschädigungszahlungen für den Holzeinschlag im

Zeittabelle

28.03.1889	Konzession seitens der sächsischen Regierung
25.11.1890	Eröffnung der Zittau-Oybin-Jonsdorfer Eisenbahn (ZOJE)
01.07.1906	Übernahme der Bahn durch den sächsischen Staat
15.04.1913	Zweigleisiger Betrieb zwischen Zittau Vorstadt und Kurort Oybin
1938	Inbetriebnahme des Stellwerks im Bahnhof Bertsdorf
07.07.1938	Erste planmäßige Fahrt mit Triebwagen
30.11.1996	Feierliche Übergabe an die Sächsisch-Oberlausitzer Eisenbahngesellschaft (SOEG), Betriebsbeginn mit der SOEG am 1.12.1996

städtischen Wald. Am 30. Oktober 1889 trafen die ersten Eisenbahnwagen in Zittau ein. Sie trugen die Bezeichnung Z. O. J. E., später deutete der Volksmund sie als: »Zug ohne jegliche Eile«. Im April 1890 konnten die Streckenarbeiten fortgesetzt werden, die nach § 4 der Konzession vorgesehene Frist ließ sich nicht einhalten. Der Oberbau wurde wie bei Schmalspurbahnen der Staatsbahnen üblich mit Schienen aus Bessemerstahl nach Profil Ia und imprägnierte Schwellen aus der Tränkanstalt Löbau verlegt. Am 10. Juli 1890 fuhr der erste Bauzug mit der Lokomotive HOCHWALD bis zur Schießwiese. Zu der Zeit wurde noch an der Fläche des Bahnhofs Bertsdorf und der anschließenden Strecke in Richtung Oybin gearbeitet.

Am 22. August 1890 konnte der Bauzug schon bis zur Station Bertsdorf fahren. Das für Bauarbeiten ungünstige Wetter ab September verzögerte den Bahnbau erneut. Die Eisenbahngesellschaft signalisierte der sächsische Regierung, daß die Strecke erst Ende Oktober fertig würde.

Am 7. Oktober 1890 kam der Bauzug in Bad Jonsdorf zum ersten Male an. Und am 19. und 26. Oktober fanden dann nach Bad Jonsdorf Probefahrten mit Personenwagen statt. Schließlich wurde am 29. Oktober der »Schlußnagel« im Einschnitt von

Die Schmalspurstrecke von Zittau nach Kurort Oybin und nach Kurort Jonsdorf. Zeichnung Lovas

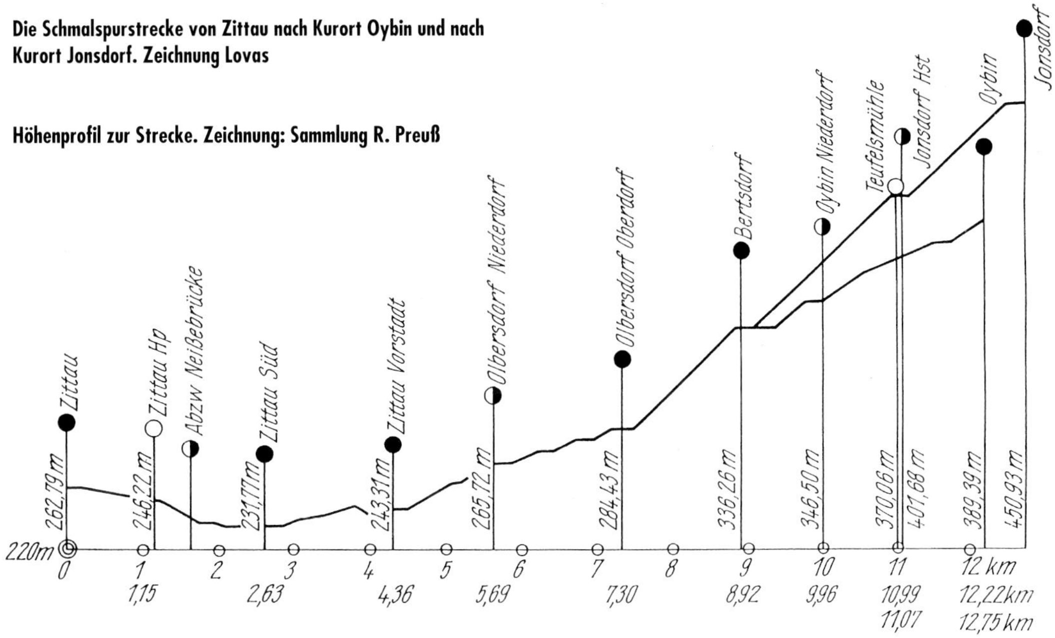

Höhenprofil zur Strecke. Zeichnung: Sammlung R. Preuß

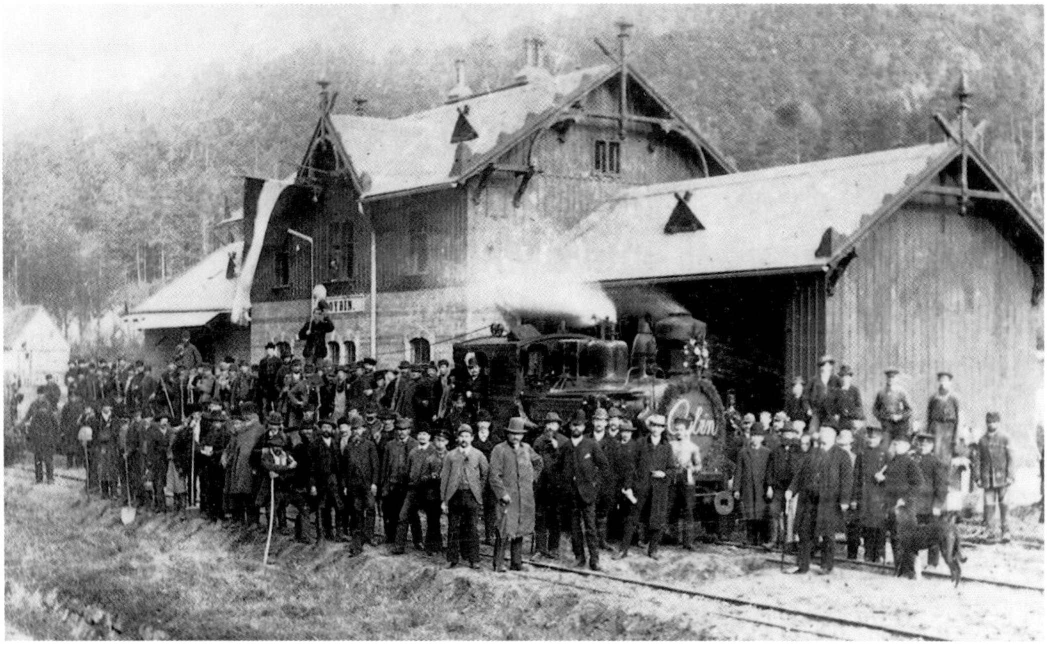

Der erste Bauzug in Oybin mit der Lokomotive HOCHWALD am 10. Juli 1890. Sammlung R. Preuß

Nieder-Oybin eingeschlagen. Am 5. November 1890, um 8.15 Uhr, fuhr der erste Bauzug mit der festlich geschmückten Lok HOCHWALD in Oybin ein. Viele Einwohner beflaggten ihre Häuser. Um 12.45 Uhr traf auch der zweite Zug mit der Lok Nr. 1 ein. »Nach beendeter Mittagstafel und nachdem die Arbeiter ihren ... Freitrunk erhalten, fand eine photographische Aufnahme des geschmückten und von Arbeitern besetzten ersten Bauzuges statt.« [8]

Über die offizielle Belastungsprobe durch Kommissionen der sächsischen Staatseisenbahnen berichtete am 15. November eine Zittauer Zeitung [9]: Neugierige Fahrgäste »... waren so zahlreich eingetroffen, daß binnen kurzem am Bahnhof Zittau die sieben Personenwagen der neuen Bahn bis zum letzten Plätzchen gefüllt waren. Zum großen Leidwesen der noch auf die Mitbeförderung harrenden übrigen Eingeladenen an der Haltestelle Kasernenstraße und Zittau Vorstadt dampfte der Zug direkt bis Oybin ...« Als Bahnpersonal waren nun zur Stelle: Bahnverwalter Pfennigwerth, Lokomotivführer Nitzsche und Kießling, Zugführer Lehmann, Streckenwärter Grundwald und Marschner.

Der 25. November 1890 sollte der offizielle Eröffnungstag sein.

Nachdem das Finanzministerium in Zittauer Tageszeitungen den Beschluß veröffentlicht hatte, »die schmalspurige Privateisenbahn Zittau–Oybin nebst Zweiglinie Bertsdorf–Jonsdorf, deren Betrieb von der Staatseisenbahnverwaltung übernommen wird, am 25. November des laufenden Jahres dem allgemeinen Verkehr zu übergeben«, und die Königliche Generaldirektion der Sächsischen Staatseisenbahnen die für die Bahn gültigen Bestimmungen bekannt gemacht hatte, konnte am 24. November 1890 die Bahn feierlich eröffnet werden. »Von allzu günstiger Witterung war freilich diese Eröffnungsfeier nicht begleitet, sondern Schneesturm und Regen trieben ihr Spiel und zerzausten die Dekoration, mit der der Festzug geschmückt war ... Pünktlich um 11 Uhr setzte sich der Festzug, gezogen von den Lokomotiven 'ALEXANDER THIEMER' und 'LAUSCHE' in Bewegung. An 200 Personen waren zur Teilnahme geladen ... Mitglieder der Regimentskapelle, welche an der Fahrt teilnahmen, begrüßten mit munteren Marschklängen das an den Haltepunkten

Betriebsstellen

km[1]	Bezeichnung	Bemerkungen[2]
0,03	Zittau	Bahnhof
1,16	Zittau Hp	Haltepunkt
1,65	Abzweigstelle Neißebrücke	Bis 1906 war die Abzweigstelle Anfangspunkt der ZOJE, 1890 bis 1945 besetzte Abzweigstelle (Strecke nach Markersdorf/ Hermsdorf i. B.), danach bis 1960 Anschlußweiche für Schlachthof und Kohlehandel Otto
1,95	Anschluß Werner & Co	1897 bis 1995
2,64	Zittau Süd	Bahnhof, in Betrieb ab 1.10.1897; bis 1950 als »Zittau Schießhaus«; Bahnhofsanschlüsse: 1946 bis 1974 Kraftwerk Hirschfelde, Werk Zittau, und Webutex[3], 1949 bis 1962 Konsum, 1948 bis 1994 DHZ Schnittholz, 1946 bis 1974 Zittauer Textilveredlung[4]
3,11	Zittau Casernenstraße	Haltestelle, 27.9.1897 geschlossen
4,37	Zittau Vorstadt	Bahnhof, mit Bahnhofsanschluß. Gruschwitz, später Stahlwerk, und Wagner u. Comp, später Textima bis 1972
5,64	Olbersdorf Niederdorf	Haltepunkt. Bis 22.5.1914 Nieder-Olbersdorf, 1890 bis 1913 und 1945 bis 1968 Haltestelle, 1913 - 1945 Bahnhof
7,30	Olbersdorf Oberdorf	Bahnhof. Bis 22.5.1914 Zeißigschenke, bis 27.7.1913 Ober-Olbersdorf. Bis 1970 Bahnhofsanschluß km 7,51 Holz- und Imprägnierwerk (Niederholz), 1949 bis 1970 Bahnhofsanschluß Braunkohlenwerk »Glückauf« (2,4 km lang)
7,93	Anschluß Katz & Klumpp	später Holz- und Imprägnierwerk (Oberholz); 1912 bis 1970
8,93	Bertsdorf	Bahnhof, Abzweig nach Kurort Jonsdorf
9,96	Kurort Oybin Niederdorf	Haltepunkt; bis 22.5.1914 Wittigschenke, 1890 - 1913 und 1943 -1970 Haltestelle, 1913 - 1943 Bahnhof,
11,00	Teufelsmühle	1890 bis 1892 Haltestelle mit Anschlußgleis Eiselt, danach Haltepunkt (außer 1974 - 1990[5])
12,23	Kurort Oybin	Bahnhof
2,15[6]	Kurort Jonsdorf Hst	bis 1969 Haltestelle, danach Haltepunkt, bis 3.6.1914 Bad Jonsdorf, 4.6.1914 bis 1935 Jonsdorf Bad;
3,83[5]	Kurort Jonsdorf	Bahnhof

1 Stand 1969
2 Es werden die heute gültigen Betriebsstellenbezeichnungen verwendet, auch wenn bis 1920 andere Begriffe galten
3 früher Grünberger & Seidel
4 früher Färberei Bernhard
5 Kein Verkehrshalt
6 Zählung ab Bertsdorf mit 0,0

Bahnverwaltungen für die Nebenbahn Zittau–Kurort Oybin/Kurort Jonsdorf

Zeitraum	Bezeichnung der Bahnverwaltung
01.12.1890 bis 30.06.1906	Zittau-Oybin-Jonsdorfer Eisenbahn-Gesellschaft (ZOJE)
01.07.1906 bis 30.03.1920	(Königlich) Sächsische Staatseisenbahnen [(K.) Sächs. Sts. E. B.]
01.04.1920 bis 31.12.1993	Deutsche Reichsbahn[1] (DR)
01.01.1994 bis 30.11.1996	Deutsche Bahn AG (DB)
ab 1.12.1996	Sächsisch-Oberlausitzer Eisenbahngesellschaft (SOEG)

[1] zeitweise Deutsche Reichsbahn-Gesellschaft (DRG)

erschienene Publikum. Der erste größere Empfang fand in Jonsdorf statt, woselbst trotz des unfreundlichen Wetters eine größere Menge der Einwohnerschaft sich eingefunden hatte ... Der Zug fuhr nach Oybin, woselbst ein glänzender Empfang bereit war. Die Schützengesellschaft mit Fahne und Musik, die Schuljugend, Vereine, kurz alles war vertreten ...Böllerschüsse hallten von den Bergen nieder, während der Festzug trotz des strömenden Regens sich durch den Ort nach Engelmanns Hotel in Bewegung setzte.« [9]

Um 18.30 Uhr verließ die letzte »Fahrpost« (Postkutsche) den Gebirgsort. Die Eisenbahn übernahm jetzt die Post- und Personenbeförderung. Um 19 Uhr setzte sich dann der Sonderzug nach Zittau in Bewegung, nachdem man auf dem Berg Oybin bengalisches Feuer entzündet hatte. Ein Unwetter beschädigte aber das Gleis am Einweihungstag so stark, daß die Züge bis zum 15. Dezember 1890 nur zwischen Zittau und Bertsdorf verkehren konnten.

3

Sechzehn Jahre Zittau-Oybin-Jonsdorfer Eisenbahn

Den ersten Zug am 15. Dezember 1890 fuhr die Lokomotive LAUSCHE, die Anzahl der Fahrgäste blieb mäßig, was sich schlagartig an Ausflugstagen änderte. Weihnachten 1890 kamen so viele Menschen zu den Zügen, daß ein Teil wegen Überfüllung der Wagen auf die Zugmitfahrt verzichten mußte. [3] Dennoch stand im Fahrplan zunächst ein bescheidenes Zugangebot. Im Sommer 1897 fuhren nach Oybin täglich fünf Züge mit Anschluß von Bertsdorf nach Jonsdorf. In den Monaten Juni bis August legte die ZOJE an Sonntagnachmittagen einen zusätzlichen Zug von Zittau Vorstadt nach Oybin ohne Anschluß nach Jonsdorf ein. Kurz vor Mitternacht fuhr außerdem ein Sonntagszug von Zittau Kasernenstraße nach Bertsdorf. Er war hier kurz zuvor von Oybin angekommen. Die Lokomotive wurde im Bertsdorfer Lokomotivschuppen abgestellt. Das Personal wird in den Eisenbahnhäusern am Bahnhof gewohnt haben.

Der erste Abschnitt der ZOJE war provisorisch angelegt, denn er wurde von der Mandauregulierung betroffen. Die Mandau entspringt in 460 m Höhe am tschechischen Wolfsberg und fließt auf Zittau zu, wo sie als harmloser Fluß nach 44 km Lauf in 229 m Höhe in den Grenzfluß Neiße mündet. Das war früher anders. Immer, wenn Schmelzwasser zu Tale floß, trat die Mandau mit ihren vielen Krümmungen und Einengungen in Zittau über die Ufer und überflutete das Mündungsgebiet. Dem sollte mit

Zug mit Lokomotive HOCHWALD in Oybin. Der erste Wagen hinter der Lokomotive ist der gedeckte Güterwagen Nr. 103. Am Zugführerwagen stehen mit weißen Beinkleidern die Beamten der Kaiserlichen Post. Foto: Sammlung R. Preuß

Fahrplan.

Zittau-Oybin. Bertsdorf-Jonsdorf.									Oybin-Zittau. Jonsdorf-Bertsdorf.						
1603 II. III.	1605 II. III.	1607 II. III.	1609 II. III. (Nur Sonntags und Mittwochs)	1611 II. III.	1613 II. III.	1615 II. III.	Entf. km		1602 II. III.	1604 II. III.	1606 II. III.	1608 II. III. (Nur Sonntags und Mittwochs)	1610 II. III.	1612 II. III.	1614 II. III.
4.53	8.46	—	—	—	4 15	8.22		Abf. Görlitz ... Ank	10.45	12.08	4.06	—	—	10.40	—
6.06	9.54	—	—	—	5.20	9.25		Ank. Zittau ... Abf.	9.30	11 05	3.09	—	—	9.26	—
7.17	9.51	12.44	—	—	6.54	8 41		Abf. Oberoderwitz ... Ank.	10.20	1.14	3.57	—	7.56	9.58	—
4.59	8.23	10 31	—	—	5.44	8.12		Abf. Reichenberg ... Ank	9.51	12.14	2.41	—	8.57	—	—
8.12	10.55	1.45	—	—	7.43	9.40		Abf. Zittau Bhf. ... Ank.	7.53	10 33	1.23	—	7.27	9.14	—
8.19	11.02	1.52	—	—	7.50	9.47		Zittau Haltepunkt ..	7.47	10 27	1.17	Ank.	7.21	9.08	—
8.28	11.12	2.02	3.55	—	8.00	9.57	3,1	Zittau Kasernenstraße	7 38	10.18	1.08	3.50	7.12	8.59	—
8.35	11.19	2.09	4.02	—	8.07	10.04	4,4	Zittau Vorstadt ...	7.31	10.11	1.01	3.44	7.05	8 52	—
8.42	11.26	2.16	4.09	—	8.14	10.11	5,8	Nieder-Olbersdorf	7.24	10.04	12.54	3.37	6.58	8.45	—
8.50	11.34	2.24	4.17	—	8.22	10.19	7,4	Zeißigschänke	7.16	9.56	12.46	3.29	6.50	8.37	—
8.56	11.40	2.30	4.23	—	8.28	10.25	9,0	Ank. Bertsdorf ... Abf.	7.07	9.47	12.37	3.20	6.41	8.28	—
9.00	11 45	2.34	4 28	—	—	10.30		Abf. Bertsdorf Ank.	7.02	9.44	12.32	3.16	6.36	—	—
9.10	11.55	2.44	4.38	—	—	10.40	2,2	Bad Jonsdorf	6.53	9.35	12.23	3.07	6.27	—	—
9.17	12.02	2.51	4.45	—	—	10.47	3,8	Ank. Jonsdorf Abf.	6.45	9.27	12 15	2.59	6.18	—	—
8.58	11.42	2.33	4.25	6.46	8.31	10.27	9 0	Abf. Bertsdorf ... Ank.	7.05	9.45	12.34	3.18	6.38	8 25	10.20
9.03	11.47	2.38	4.30	6.51	8.36	10.32	10,0	Wittigschänke	7.01	9.41	12.30	3.14	6.34	8 21	10.16
9.08	11.52	2.43	4.35	6.56	8.41	10.37	11,0	Teufelsmühle	6.56	9.36	12.25	3.09	6.29	8.16	10.11
9.13	11.57	2.48	4.40	7.01	8.46	10.42	12,3	Ank. Oybin ... Abf.	6.50	9.30	12.19	3.03	6.23	8.10	10.05

Die Nachtzeit (6 Uhr Abends bis 5,59 Uhr früh) ist durch fette Ziffern bezeichnet.

Der erste Fahrplan der ZOJE

Wagen der Zittau-Oybin-Jonsdorfer Eisenbahn

1. Personenwagen

Wagennummer ZOJE	sä.	Gattung ZOJE	sä.	Achsen	Sitzplätze II. Klasse	III. Klasse	Hersteller	Lieferjahr
1	352	II./III. Klasse	BC	4	6	26-28	Her	1890
2	353	II./III. Klasse	BC	4	6	26-28	Her	1890
3	354	II./III. Klasse	BC	4	6	26-28	Her	1890
4	362	III. Klasse	C	4		31-32	Her	1890
5	363	III. Klasse	C	4		31-32	Her	1890
6	364	III. Klasse	C	4		31-32	Her	1890
7	365	III. Klasse	C	4		31-32	Her	1890
8	1499	Zugführerwagen	P	2	-	-	Her	1890
9	1500	Zugführerwagen	P	2	-	-	Her	1890
10	355	III. Klasse	C	4		34-36	Görl	1891
11	356	III. Klasse	C	4		34-36	Görl	1891
12	357	III. Klasse	C	4		34-36	Görl	1891
13	358	III. Klasse	C	4		34-36	Görl	1891
14	359	III. Klasse	C	4		34-36	Görl	1891
15	347	II./III. Klasse	BC		11-12	23-24	Görl	1891
16	348	II./III. Klasse	BC		11-12	23-24	Görl	1891
17	349	II./III. Klasse	BC		11-12	23-24	Görl	1891
18	350	II./III. Klasse	BC		11-12	23-24	Görl	1891
19	351	II./III. Klasse	BC		11-12	23-24	Görl	1891
20	360	III. Klasse	C			34-36	Her	1900
21	361	III. Klasse	C			34-36	Her	1900

2. Güterwagen

Wagennummer ZOJE	sä.	Gattung ZOJE	sä.	Achsen	Tragfähigkeit (t)	Hersteller	Lieferjahr
101	2050	G	Gw	2	5,25	Her	1889
102	2051	G	Gw	2	5,25	Her	1889
103	2052	G	Gw	2	5,25	Her	1889
104	2053	G	Gw	2	5,25	Her	1889
105	2054	G	Gw	2	5,25	Her	1889
106	1438	G	Gw	2	5,25	Görl	1891
201	4591	O	Ow/Ocw	2	5,25	Her	1889
202	4592	O	Ow/Ocw	2	5,25	Her	1889
203	4593	O	Ow/Ocw	2	5,25	Her	1889
204	4594	O	Ow/Ocw	2	5,25	Her	1889
205	4595	O	Ow/Ocw	2	5,25	Her	1889
206	4596	O	Ow/Ocw	2	5,25	Her	1889
207	4597	O	Ow/Ocw	2	5,25	Her	1889
208	4598	O	Ow/Ocw	2	5,25	Her	1889
209	4599	O	Ow/Ocw	2	5,25	Her	1889
210	4600	O	Ow/Ocw	2	5,25	Her	1889
211	4604	Lhwg.	Hhw	2	5,25	Her	1889
212	4605	Lhwg.	Hhw	2	5,25	Her	1889
213	4601	O	Ow/Ocw	2	5,25	Görl	1891
214	4602	O	Ow/Ocw	2	5,25	Görl	1891
215	4603	O	Ow/Ocw	2	5,25	Görl	1891
216	4590	O	Ow/Ocw	2	5,25	Görl	1891
1	227	Rollbock		2	10,5	Görl	1899
2	228	Rollbock		2	10,5	Görl	1899
1*		Rollbock		2	12,5	Görl	1897
2*		Rollbock		2	12,5	Görl	1897
3*		Rollbock		2	12,5	Görl	1897
4*		Rollbock		2	12,5	Görl	1897

* Eigentum der Chemischen Fabrik Hermann Werner & Co. in Zittau
Görl Görlitzer Aktiengesellschaft
Her Waggonfabrik AG., vormals Herbrandt & Co., Köln-Ehrenfeld
Lhwg. Langholzwagen
sä. Königlich Sächsische Staatseisenbahnen

dem Regulierungsprojekt abgeholfen werden. Noch hatte die Mandau ihr altes Flußbett. Deshalb führte die Bahnstrecke über eine provisorische Brücke zur Station Kasernenstraße, die ebenfalls nur vorübergehend angelegt war. Die Mandau floß seinerzeit an der Vorderfront der Mandaukaserne vorbei, deswegen mußte die Eisenbahn hier in Nähe der Kuhbrücke den Fluß schneiden. Die Strecke lag zwischen km 1,7 und km 2,6 sowie zwischen km 3,1 und 3,4 etwa 3,50 m entfernt von der künftigen Bahnachse und überquerte die Mandau und den niedrigen Viadukt der Grottauer Straße, um dann über die Kasernenstraße (heute Südstraße) zur gleichnamigen Haltestelle einzuschwenken. Die Schienenoberkante der Strecke lag hochwasserfrei in Höhe der Fahrbahn und behinderte nicht die Regulierungsarbeiten, mit denen die Mandau auf 1,68 km Länge ein 5,15 m tiefes, gerade verlaufendes Hochflutbett erhielt.

Die Königliche Staatsregierung erlaubte, für die Ausführung der provisorischen Brücke Holz zu verwenden, ein bei Eisenbahnbrücken unüblicher Bau-

Statistik zur Zittau-Oybin-Jonsdorfer Eisenbahn (1890 - 1906) [13]

Jahr	Lokomotiven	Personenwagen	Gepäck- und Güterwagen	Kilometerleistungen der Lokomotiven	Beförderte Personen	Beförderte Güter (t)	Einnahmen im Personenverkehr (Mark)	Einnahmen im Güterverkehr (Mark)
1890[1]	4	7	19	5 521	10 574	475	3 186	492
1891	5	17	23	78 939	246 777	7 983	83 127	8 362
1892	5	17	23	72 580	239 745	10 455	78 127	11 636
1893	5	17	23	63 481	238 135	9 776	78 930	10 885
1894	5	17	23	63 845	231 011	10 121	78 861	11 896
1895	5	17	23	65 607	246 892	12 422	74 562	14 218
1896	5	17	23	65 751	253 624	13 914	80 058	16 244
1897	5	17	23	67 303	281 109	15 619	81 233	16 896
1898	5	17	23	70 135	350 740	22 145	96 797	21 982
1899	5	17	24	73 998	386 488	21 732	102 778	21 261
1900	5	19	24	76 401	394 319	28 162	104 555	23 972
1901	5	19	24	74 107	400 083	28 010	107 324	24 579
1902	5	19	24	73 781	399 344	27 990	108 478	24 229
1903	5	19	24	72 660	412 243	30 825	107 452	27 088
1904	5	19	24	79 136	423 713	33 092	112 487	29 784
1905	5	19	24	84 407	413 785	41 343	109 716	36 314
1906[4]	5	19	24[5]	39 753	189 058	23 186	49 664	19 883

1 ab 25.11.1890
2 25.11.1890 - 31.12.1891
3 Mehrausgabe
4 bis 30. 6.1906
5 ohne 2 Rollböcke

stoff. Das mit Chlorzink getränkte Holz kam von der Imprägnieranstalt Löbau. Nach der Fertigstellung wurde noch Holzteer auf das Holz aufgetragen. Die Brücke wurde 87,5 m lang, lag 33,59 m in einer Krümmung mit 90 m Halbmesser, auf 62 m in der Neigung 1 : 100. Eichenklötzchen überhöhten in der Krümmung den äußeren Schienenstrang um 43 mm. Die Brücke besaß 14 Öffnungen zu je 4 m, bei der Flußüberquerung 3 Öffnungen zu je 8 m und 1 Öffnung mit 7,5 m Spannweite und erhielt neben dem Gleis einen Bahnwärteraustritt. Im Mandaubett waren Eisbrecher an drei Brückenjoche angebracht worden. Die Balken wurden verdübelt, die Dübel bestanden aus einem Eichenholz- und einen Schmiedeeisenkeil, getrennt durch Zinkblechstreifen. Holzkeile lagen wie die Tragbalken in gleicher Faserrichtung, weil sich so das Holz schlecht stauchen läßt. Diese Art der Dübelung verhinderte bei der Brückenbelastung, d. h. wenn ein Zug sie befuhr, lästige Quietschgeräusche. Vier Pfahljoche bildeten jeweils einen Pfeiler, Schrägpfähle verhinderten, daß Joche beim Bremsen umklappten. [11]

Im Jahr 1897 war die Mandau in Zittau soweit reguliert, daß die Bahnstrecke in Nähe der Mandaukaserne begradigt werden konnte. Dazu wurde am 27. September 1897 die Haltestelle Kasernenstraße geschlossen und bis Zittau Vorstadt Ersatzverkehr eingerichtet. Vor der alten Mandaubrücke

Der ersten Lokomotive gibt die Zittau-Oybin-Jonsdorfer Eisenbahn-Gesellschaft den Namen ihres Initiators. Solche Dreikuppler mit Funkenkobel fuhren auf allen sächsischen Schmalspurbahnen. Foto: Sammlung Sameiske

insgesamt (Personen- und Güterverkehr sowie sonstige Einnahmen (Mark)	Ausgaben insgesamt (Mark)	Überschuß insgesamt (Mark)
103 375[2]	131 803[2]	- 28 428 [2, 3]
93 341	104 867	- 11 526 [3]
92 601	86 251	6 350
93 554	86 708	6 846
103 291	86 896	16 395
99 846	85 720	14 126
103 142	94 079	9 063
121 875	105 979	15 896
129 045	108 212	20 833
136 246	116 122	20 124
139 235	120 433	18 802
138 717	109 269	29 448
140 783	106 931	33 852
148 384	137 722	10 662
154 818	148 645	6 173
72 368	66 845	5 523

hatte man den Bahnhof Zittau Schießhaus angelegt. Am 30. September nahm Zug 1602 den neuen Streckenabschnitt in Betrieb. Im Statistischen Bericht [12] hieß es dazu: »Infolge Regulierung des Mandauflusses mußte die Bahn zwischen Station 16 und 35 um etwa 50 m verlegt werden. Hierbei wurden die Haltestelle Zittau Kasernenstraße sowie sämtliche Durchlässe und die Brücke über die Mandau abgebrochen und dafür die Haltestelle Zittau Schießhaus neu errichtet. Die neue Gleislage befindet sich durchschnittlich 2 m höher als die bisherige. Über das Mandaubett ist eine Eisenbahnbrücke erbaut worden, deren mittlerer Teil die Wölbbrücke für die Fahrstraße bildet und deren zweiter Bogen diagonal von der Bahn überschnitten wird. Zu beiden Seiten schließen sich Eisenträgerbrücken an. Die Gesamtweite der Brücke beträgt 43 m.«

1891 hatte Reinhold Steudtner von der Station Zeißigschenke aus ein Anschlußgleis zu seinem Imprägnierwerk bauen lassen. Die Steudtnersche Imprägnieranstalt wurde von der Lübecker Firma Katz und Klumpp übernommen und mit einem Sägewerk erweitert. Am 29. Dezember 1897 ging in Zittau am Gleis 13 die erste Aufbockanlage provisorisch für die neuen Rollböcke der Firma Werner & Co. und

In Oybin wird 1905 der König Friedrich August III. erwartet. Vor der Wartehalle stehen die Ehrenformationen Spalier. Die Uhr an der Stirnseite wurde nicht von der ZOJE bezahlt, sondern von Spendern (1905). Foto: Sammlung Bauer

der ZOJE in Betrieb. Am 30. Oktober 1899 erhielt der Bahnhof Zittau neue Rollbockanlagen (Gleis Normalspur 66/Schmalspur 7 und 67/6).

Wenige Jahre später kam die ZOJE durch einen tragischen Unfall ins Gerede. Am Sonntag, dem 7. August 1904, stießen um 14,00 Uhr am Bahnhof Bertsdorf in der Krümmung nach Oybin zwei Züge zusammen, ein Leerzug von Oybin und ein vollbesetzter Personenzug, der als Vorläufer von Zittau nach Oybin unterwegs war, weil man ihn in Bertsdorf vorzeitig abgelassen hatte. Neun Personen - hauptsächlich die auf der Plattform standen - wurden schwer verletzt und die Lokomotiven LAUSCHE und TÖPFER stark beschädigt. Für die Verletzten trat die Versicherung ein. Bei der Bahngesellschaft selbst verringerten die Reparaturkosten den schon knappen Überschuß. Mit der ab 1905 geltenden neuen Eisenbahn- Bau- und Betriebsordnung mußte auch die ZOJE ihren Betrieb exakter organisieren. [6]

Ein Jahr später beehrte der sächsische König Friedrich August III. die ZOJE. Das Zittauer Gebirge war eines der Jagdgebiete für das Königshaus und Zittau eine Garnisonsstadt. Mitglieder der Königsfamilie reisten auch mit der ZOJE, der König sonst mit der Kutsche. Doch am 30. Mai 1905 sollte es offiziell werden. Fünf Tage nach seinem 40. Geburtstag war die Fahrt des Königs mit der Schmalspurbahn Teil einer Huldigungsreise. Am späten Nachmittag nahm er auf der Schießwiese (in Nähe des heutigen Bahnhofs Zittau Süd, nicht weit von der Mandaukaserne) eine Militärparade ab. Ein Sonderzug - seinerzeit »Extrazug« genannt - mit der Lokomotive HOCHWALD, zwei Personenwagen und einem Zugführerwagen fuhr vom Bahnhof Zittau als Leerzug bis Zittau Schießhaus, wo der König und sein Gefolge von einer großen Menge dicht bedrängt in den Zug einstiegen. Von Zittau Vorstadt aus fuhr ein weiterer Sonderzug mit geladenen Ehrengästen vor dem Zug des Königs ab. In diesem Sonderzug saßen auch der Bahnverwalter Pfennigwerth und der Direktor Gloye von der Eisenbahngesellschaft. Der Zug mit dem König hielt in Nieder-Olbersdorf, um hier die Begrüßung durch den Pastor und die Vereine entgegenzunehmen. Die nächste Begrüßung gab es am Endbahnhof Oybin, wo die Böller krachten und Vereine Spalier bildeten. Der König und seine Begleitung begaben sich zum festlichen Essen auf den Berg Oybin, der im bengalischen Licht leuchtete. Spät am Abend brachte der Zug den obersten Landesherrn wieder nach Zittau zurück. [15] [16]

Der Alltag bei der ZOJE sah weniger beschaulich aus. Zehn Monate nach der Betriebseröffnung waren rund 236 000 Personen mit dieser Bahn gefahren. Die Zahl der Reisenden blieb bis 1897 annähernd gleich, danach stieg sie zunehmend an, im Jahr 1901 beispielsweise auf 400 000 Reisende. Ähnlichen Zuwachs hatte der Güterverkehr. Mit der ZOJE fuhren nicht nur die täglichen Pendler von den Gebirgsorten zu den Arbeitsstätten in Zittau. Der ZOJE verdankten die Bewohner von Zittau und Umgebung neue und bequem zu erreichende Wanderziele. Das spürte die Bahn hauptsächlich an Sonn- und Feiertagen, und sie mußte sogar auf Güterwagen zurückgreifen, wenn die Personenwagen nicht ausreichten. Eingesetzt wurden auch - gegen Vergütung - Personenwagen der Staatasbahn von der Markersdorfer Strecke. Pfingsten 1904 mußten zum Beispiel 47 Personenwagen und 38 Güterwagen für den Ausflugsverkehr bereitgestellt werden.

Die Öffentlichkeit akzeptierte jedoch die Notlösungen mit den Güterwagen nicht. Andererseits reichte das »Stoßgeschäft« nicht aus, daß die Gesellschaft die Anleihen verzinsen oder gar Rücklagen bilden konnte. Selbst bei den sächsischen Staatseisenbahnen war nicht jede Schmalspurbahn gewinnbringend, sie dienten mit Unterstützung des Staates der wirtschaftlichen Belebung und hatten die Zubringerfunktion zu den Hauptstrecken. Für eine kleine selbständige Eisenbahngesellschaft wie die ZOJE lagen die Dinge anders. Sie mußte allein zurechtkommen und war für die Beschaffung weiterer Fahrzeuge auf Überschüsse angewiesen.

Versuche der ZOJE, die Strecke fortzuführen, um weitere Kunden zu gewinnen – schließlich war ursprünglich der Zugverkehr bis nach Böhmen hinein geplant – scheiterten (siehe Abschnitt 8). Auch die Erweiterung der Betriebsstellen war notwendig. Weder dazu noch für neue Fahrzeuge war Geld vorhanden. 1898 fragte die Gesellschaft deshalb bei der sächsischen Regierung an, ob sie die ZOJE kaufen wolle, und zwar zum Wert des Anlagekapitals von 1 600 000 Mark. Die Bahn fuhr zu jener Zeit mit Überschüssen, kam aber nicht aus den roten Zahlen heraus, da die erzielten Überschüsse nicht einmal zur Verzinsung des Anlagekapitals ausreichten. Auch eine Dividende konnte bisher nicht gezahlt werden. Die Regierung lehnte das Angebot ab.

1901 bot die Gesellschaft erneut die Bahn dem Staat an, diesmal für 1 412 829 Mark. Die Konzessionsbedingungen sahen als Preis bei einem Kauf nach mehr als zehn Betriebsjahren das Zwanzigfache des durchschnittlichen Reinertrages der letzten fünf Jahre vor. Die Gesellschaft rechnete: 16 008 Mark durchschnittlicher Reinertrag in den letzten 5 Jahren x 20 = 320 160 Mark. Außerdem sollte der Käufer an Schulden 850 000 Mark für die Anleihen und eine Bankschuld von 242 669 übernehmen. Das war der Regierung zu teuer, sie beurteilte den Verkehrswert der Bahn niedriger.

Ende 1903 nahm die Gesellschaft einen dritten Anlauf. Nun sollte die Bahn dem sächsischen Staat 850 000 Mark wert sein. Das entsprach ungefähr dem Verkehrswert der ZOJE, wenn stets das günstigste Jahr 1903 mit einem Betriebsüberschuß von 33 852 Mark zur Berechnung herangezogen würde. Das laufende Jahr 1904 kam nicht in Frage, denn hier sank wegen des Unfalls beim Bahnhof Bertsdorf das Ergebnis auf 10 662 Mark. Die Regierung beurteilte die Übernahme der Bahn nun freundlicher als bisher – und führte dazu mehrere Gründe an. Zum einen glaubte sie, daß sich der Güterverkehr und damit dessen Erträge steigern ließen. Die an der Bahn liegenden Orte verdankten der Bahn »einen ganz erheblichen wirtschaftlichen Aufschwung«, der sich mit stärkeren Steuerabgaben an den Staat bemerkbar machte. Staatlicherseits mußten Maßnahmen zur Verbesserung der Betriebssicherheit ergriffen werden, zu denen die Gesellschaft nicht in der Lage war. Schon vor der Übernahme der ZOJE war der Staat mit 33 000 Mark in Vorleistung für die Erweiterung von Zittau Schießhaus, Zeißigschenke, Bertsdorf und Oybin getreten, und weitere Ergänzungen für Zittau Vorstadt, Nieder-Olbersdorf, Wittigschenke und nochmals Oybin standen an. Neue Betriebsmittel

Der Kaufvertrag, mit dem die Zittau-Oybin-Jonsdorfer Eisenbahn per 1. Juli 1906 mit allen Betriebsmitteln, Grundstücken, Gebäuden und Vorräten an den sächsischen Staatsfiskus übergeht und damit Staatsbahn wird. Quelle: [17]

Zwischen

der Zittau-Oybin-Jonsdorfer Eisenbahngesellschaft,
Aktiengesellschaft zu Zittau,

vertreten durch ihren Vorstand

den Direktor Glope daselbst,
als Verkäuferin,

und

dem Staatsfiskus im Königreiche Sachsen,

vertreten durch

das Königliche Finanzministerium,
als Käufer,

wird, vorbehältlich der Genehmigung der Ständeversammlung des Königreichs Sachsen, folgender

Kaufvertrag

geschlossen:

§ 1.

Die Zittau-Oybin-Jonsdorfer Eisenbahngesellschaft verkauft die ihr gehörige schmalspurige Nebeneisenbahn von Zittau nach Oybin nebst Zweigbahn von Bertsdorf nach Jonsdorf mit allen Grundstücken, Gebäuden, Gleis-, Signal- und sonstigen Betriebsanlagen, mit sämtlichen Betriebsmitteln, allen Vorräten, Ausrüstungsgegenständen und Materialien sowie mit allen das Bahnunternehmen betreffenden dinglichen und persönlichen Rechten sowie überhaupt mit allem Zubehör an den Staatsfiskus im Königreiche Sachsen.

§ 2.

(1) Die Übergabe des gesamten Bahnunternehmens erfolgt am 1. Juli 1906.

(2) Alle Gegenstände, die sich zu dieser Zeit bereits im Besitze der den Betrieb der Bahn führenden sächsischen Staatseisenbahnverwaltung befinden, gehen an dem genannten Tage ohne weiteres in das Eigentum des Staatsfiskus über. Soweit zum Eigentumserwerbe noch besondere Rechtshandlungen erforderlich sind, verpflichtet sich die Zittau-Oybin-Jonsdorfer Eisenbahngesellschaft zur Vornahme dieser Rechtshandlungen. Die Auflassung der Grundstücke hat Montag, den 2. Juli 1906 stattzufinden.

(3) Die Zittau-Oybin-Jonsdorfer Eisenbahngesellschaft verpflichtet sich, bis zur Übernahme der Bahn durch den Staatsfiskus ohne dessen Zustimmung zum Bahnunternehmen gehörige unbewegliche oder bewegliche Gegenstände nicht zu veräußern. Zuwiderhandlungen gegen diese Verpflichtung berechtigen den Staatsfiskus, von der Zittau-Oybin-Jonsdorfer Eisenbahngesellschaft Schadenersatz, insbesondere Erstattung des Wertes der veräußerten Gegenstände, zu verlangen und die dem Staatsfiskus gebührende Entschädigungssumme vom Kaufpreise zu kürzen.

§ 3.

(1) Der Kaufpreis für das gesamte Bahnunternehmen beträgt

770 000 ℳ.

(Lokomotiven und Wagen) mußten beschafft werden. Dem Landtag wurde von der Regierung vorgeschlagen, dem Ankauf der ZOJE per 1. Juli 1906 zuzustimmen. Die Gesellschaft sollte für die ZOJE nur 770 000 Mark erhalten. Auf die Erstattung der Vorleistungen wollte die Regierung verzichten. die Kosten für den Eigentümerwechsel veranschlagte die Regierung mit 25 000 Mark plus 2 000 Mark Verwaltungsaufwand. Wegen bevorstehender Käufe an Betriebsmitteln wurde der Landtag insofern beschwichtigt, daß man zu Zeiten des Mehrbedarfs Fahrzeuge von anderen Schmalspurstrecken der

Dekrete. № 20. 455

(2) Er ist fällig, sobald die Übergabe der Bahn und die Auflassung der Grundstücke tgefunden haben und der Staatsfiskus von der erfolgten Eintragung als Eigentümer Grundbuche amtlich benachrichtigt worden ist.

(3) Der Kaufpreis wird gewährt nach Wahl des Staatsfiskus entweder in barem lde oder in Königlich Sächsischer 3 prozentiger Rente nach dem Dresdner Börsenkurs dem dem Zahlungstage vorhergehenden Werktage, wobei dem Staatsfiskus die Wahl einzelnen Stücke freisteht.

§ 4.

(1) Verpflichtungen der Zittau-Oybin-Jonsdorfer Eisenbahngesellschaft, die aus er beim Betriebe der Bahn erfolgten Tötung oder körperlichen Verletzung eines Menschen führen, werden, soweit sie beim Übergange der Bahn auf den Staatsfiskus noch nicht llt sind, von diesem dergestalt übernommen, daß er vom 1. Juli 1906 ab als Schuldner die Stelle der Zittau-Oybin-Jonsdorfer Eisenbahngesellschaft tritt.

(2) Die Zittau-Oybin-Jonsdorfer Eisenbahngesellschaft tritt dagegen alle Rechte, ihr wegen solcher Tötungen oder Körperverletzungen gegen dritte Personen, insbesondere n die Transport- und Unfallversicherungs-Aktiengesellschaft Zürich auf Grund des mit er abgeschlossenen Versicherungsvertrages zustehen, an den Staatsfiskus im Königreiche hsen ab. Die Zittau-Oybin-Jonsdorfer Eisenbahngesellschaft verpflichtet sich, diese retung der genannten Versicherungsgesellschaft unverzüglich anzuzeigen.

(3) Die im Absatz 1 vereinbarte Schuldübernahme ist für den Staatsfiskus nur er der Bedingung verbindlich, daß die genannte Versicherungsgesellschaft der Abtretung h ein an das Königlich Sächsische Finanzministerium zu richtendes Schreiben aus- klich zustimmt.

(4) Ausgenommen von der im Absatz 1 vereinbarten Schuldübernahme bleiben die- jen Verpflichtungen, wegen deren die Zittau-Oybin-Jonsdorfer Eisenbahngesellschaft 1. Juli 1906 bereits von der genannten Versicherungsgesellschaft schadlos gehalten den ist.

§ 5.

(1) Die Zittau-Oybin-Jonsdorfer Eisenbahngesellschaft wird den mit der North ish and Mercantile Company über die Versicherung ihres Mobiliars gegen Feuers- hr abgeschlossenen Vertrag nur noch auf das Jahr 1906 erneuern.

(2) Der Staatsfiskus tritt vom Tage der Übergabe der Bahn nicht nur in diese erversicherung, sondern auch in den im § 4 bezeichneten, am 28. Mai 1909 ablaufen- Unfallversicherungsvertrag mit der Transport- und Unfallversicherungs-Aktiengesellschaft ich ein, vorausgesetzt, daß die Versicherungsgesellschaften nicht in eine Lösung der Ver- e mit dem Zeitpunkte des Überganges der Bahn auf den Staatsfiskus willigen sollten.

§ 6.

Abgesehen von den in den §§ 4 und 5 getroffenen Vereinbarungen werden Passiven Zittau-Oybin-Jonsdorfer Eisenbahngesellschaft, insbesondere die von ihr aufgenommene eihe und etwaige Bankschulden vom Staatsfiskus nicht übernommen. Die der Gesell- t gehörigen Grundstücke sind, abgesehen von im Enteignungsverfahren oder durch rag auferlegten Dienstbarkeiten, dem Staatsfiskus völlig oblastenfrei aufzulassen. besondere verpflichtet sich die Zittau-Oybin-Jonsdorfer Eisenbahngesellschaft, die für erwähnte Anleihe an ihren Grundstücken bestellte Hypothek vor der Auflassung zur hung zu bringen.

§ 7.

(1) Der Staatsfiskus verzichtet der Zittau-Oybin-Jonsdorfer Eisenbahngesellschaft nüber auf die Erstattung der Kosten für die im Jahre 1905 vorgenommenen Er-

456 **Dekrete. № 20.**

gänzungsbauten auf den Stationen Zittau-Schießhaus, Zeißigschenke, Bertsdorf und Oybin.

(2) Die für das Jahr 1906 geplanten über die gewöhnliche Bahnunterhaltung hinausgehenden Herstellungen auf den Stationen Zittau-Vorstadt, Niederolbersdorf, Wittigschenke und Oybin erfolgen auf Kosten des Staatsfiskus, auch wenn sie vor dem 1. Juli 1906 bewirkt werden sollten.

§ 8.

(1) Bis zum Tage der Übergabe wird der Betrieb der Bahn in der bisherigen Weise von der Generaldirektion der Staatseisenbahnen für Rechnung und Gefahr der Zittau-Oybin-Jonsdorfer Eisenbahngesellschaft geführt. Mit dem Tage der Übergabe treten die hierüber getroffenen Vereinbarungen außer Kraft. Selbstverständlich erfolgt jedoch die Abrechnung für die Zeit vom 1. Januar bis 30. Juni 1906 noch auf Grund der dermalen bestehenden Vereinbarungen.

(2) Die Kaution, die von der Zittau-Oybin-Jonsdorfer Eisenbahngesellschaft zur Sicherstellung des Staatsfiskus wegen seiner Ansprüche aus dem Vertrage über den Betrieb der Bahn und über die Mitbenutzung des Bahnhofs Zittau bei der Finanzhauptkasse hinterlegt worden ist, bleibt Eigentum der Zittau-Oybin-Jonsdorfer Eisenbahngesellschaft und wird dieser nach der Übergabe der Bahn an den Staatsfiskus zurückgegeben, sobald feststeht, daß aus dem erwähnten Betriebsvertrage Ansprüche an die Kaution nicht zu stellen sind.

§ 9.

Erfüllt die Zittau-Oybin-Jonsdorfer Eisenbahngesellschaft die ihr nach §§ 2 und 6 dieses Vertrages obliegenden Verpflichtungen nicht rechtzeitig, so ist der Staatsfiskus berechtigt, sofort vom Vertrage zurückzutreten. Im Falle des Rücktrittes bleiben alle über die Betriebsführung der Bahn durch die sächsische Staatseisenbahnverwaltung getroffenen Vereinbarungen auch weiter in Kraft.

§ 10.

(1) Die Kosten der Auflassung und der Eintragung des Besitzwechsels im Grundbuche, die Stempelkosten sowie ortsgesetzliche Besitzwechselabgaben trägt der Staatsfiskus.

(2) Die Kosten der Löschung der für die Obligationsschuld der Gesellschaft bestellten Hypothek sowie die durch die Liquidation der Zittau-Oybin-Jonsdorfer Eisenbahngesellschaft entstehenden Kosten fallen dagegen der genannten Gesellschaft zur Last.

Vollzogen unter Vorbehalt der Genehmigung der Generalversammlung.

Zittau, am 11. Dezember 1905.

Zittau-Oybin-Jonsdorfer Eisenbahngesellschaft.
Direktion.
(L. S.) Glotze.

Dresden, am 6. Dezember 1905.

Finanzministerium.
(L. S.) Dr. Rüger.

Staatseisenbahnen nach Zittau umsetzen könne. An den im Vergleich zu Staatsbahnstrecken höheren Tarifen wollte man festhalten.

Im Kaufvertrag war nicht enthalten, so wie das bei anderen Käufen üblich war, unter welchen Bedingungen die Eisenbahner übernommen werden sollen. Regelungen für sie waren nicht nötig, weil den Betrieb der ZOJE schon die Staatseisenbahnen mit ihren Eisenbahnern besorgt hatten.

Mit dem Kauf erweiterte sich die Betriebslänge der K. Sächs. Sts. E. B. um 14,41 km. Der Betriebspark vermehrte sich um 5 Lokomotiven, 19 Personenwagen mit 744 Sitzplätzen, 24 Gepäck- und Güterwagen. Beim Bahnhof Zittau gab es nur noch eine Bahnverwaltung. Die Bank als alleiniger Aktionär der Zittau-Oybin-Jonsdorfer Eisenbahn-Gesellschaft mußte auf schnelle und große Gewinne aus dem Eisenbahnverkehr verzichten. [17] [18]

4

Die Schmalspurbahn als sächsische Staatseisenbahn

Als erste Maßnahme sahen die K. Sächs. Sts. E. B. die Erweiterung der Gleisanlagen in Zittau, Bertsdorf und Oybin vor. Die Vergrößerung des Schmalspurbahnhofs in Zittau wurde 1907 in Angriff genommen. Dazu war, wie seit langem schon vorgesehen, eine Erhebung mit dem Restaurant »Zur Burg« abzutragen. An dieser Stelle entstand der Personenbahnhof einschließlich der Abstellgleise (23 bis 26), wie er noch heute in Betrieb ist. Die Züge fuhren bis dahin vom Bahnhofsvorplatz in Richtung Zittau Hp auf einem Streckengleis, das auf der Straße zwischen zwei Stützmauern lag. Schon 1884 beklagte ein Abgeordneter im sächsischen Landtag, als es um verschiedene Eisenbahnbauten ging, diese Gleise in Zittau: »... wo die Bahnlinie sich auf der Straße in ganz scharfen Linien zwischen zwei hohen Mauern hinzieht, wo das Publikum nicht imstande ist, auf weite Entfernung die Lokomotive kommen zu sehen. ... Der Stadtrat in Zittau wird in der Lage sein, über alle Unfälle, welche ihn zur Kenntnis gekommen sind und die er sorgfältig registriert hat, nähere Details mitzuteilen.« [19] Er forderte Signale oder Wärter. Zehn Jahre später schuf der radikale Umbau bessere Verhältnisse für die Fußgänger, für den Straßen- und besonders für den Eisenbahnverkehr. Das Gleis auf dem Bahnhofsvorplatz, einst mit Bahnsteig und Wartehalle, verblieb als Verbindung zu den noch immer umfangreichen Rangiergleisanlagen für das Zusammenstellen der Güterzüge.

Um 1909 sollten Eilzüge nach Oybin, die nur in Bertsdorf hielten, den Zugverkehr ansprechender gestalten. Doch die Bevölkerung forderte weiterhin, bestimmte Mängel zu beseitigen. Dazu gehörten die gemischten Züge mit Personen- und Güterwagen. So klagte 1909 im Landtag der Abgeordnete Pflug: »Bei der Übernahme der Bahn Oybin-Jonsdorf-Zittau hatte man sich in unserer Gegend der Hoffnung hingegeben, daß so manche Übelstände, die unter der Verwaltung der Gesellschaft gewesen waren, nunmehr beseitigt würden. Zum Teil ist das, ich will es dankbar anerkennen, geschehen, aber es ist noch lange nicht allem genügt .... und es ist geradezu ein Hohn, wenn man eine Fahrkarte in die Hand bekommt, auf der steht 'Gültig für Personen- und Eilzüge' ... Das viele Rangieren, das Hin- und Herschieben, der lange Aufenthalt auf den einzelnen Stationen - da reißt einmal die Leine, da hat der Schaffner erst eine Weiche zu stellen, ehe der Zug einfahren kann, hier muß selbst der Stationsvorstand mit der roten Mütze einen Güterwagen rangieren helfen ...« [10] Der gleiche Abgeordnete kritisierte auch die Fahrpreise auf dieser Strecke, die mit der Einführung eines höheren Tarifs bei den Staatsbahnen auch hier weiter stiegen: »Damals (nämlich 1906 bei der Übernahme der Bahn in den Besitz des Staates) mag der Preis eines erhöhten Personentarifs gerechtfertigt sein, aber mittlerweile hat man in ganz Sachsen den Personentarif erhöht, und es wurde jetzt über dies Erhöhung des Personentarifs noch einmal der Tarif für die Oybinbahn erhöht.« Auch fehlten seinerzeit auf dieser Bahn die 4.-Klasse-Wagen, die es den Arbeitern ermöglichten, auf den niedrigsten Preis auszuweichen.

Die neuen Lokomotiven der Gattung IV K, die 1909 nach Zittau kamen, waren eine große Hilfe im Zugverkehr. Sie wurden allerdings bevorzugt im Personenzugdienst eingesetzt, so daß bei den von den I K-Lokomotiven gezogenen Güterzügen die Last nicht erhöht werden konnte. Lieber stellte man den Personenzügen Güterwagen bei, was die Generaldirektion bald rügte. Die Schmalspurbahn wurde dem Anspruch der Wochenendausflügler nicht gerecht, die Klagen rissen nicht ab, 1909 kam es gar zu einer öffentlichen Einwohnerversammlung in Zittau. Anlagen und Betriebsmittel reichten nicht aus. Die Elektrifizierung der Schmalspurbahn (wie etwa im Vogtland von Klingenthal nach Untersachsenberg-Georgenthal) oder die Umstellung auf Normalspur, wie das schon 1897 mit der Strecke Klotzsche–Königsbrück geschah, sollten die Lösung bringen, die Regierung lehnte beide Vorschläge ab. Die Abfertigungszeit ließ sich ein wenig verkürzen, indem Fahrkarten auf dem Bahnhof statt am Zuge ver-

Nur zwei Drehgestellwagen und den zweiachsigen Zugführerwagen muß die Lokomotive der Gattung I K ziehen. In der »Haltestelle Jonsdorf« mit Schule und Kirche (1908). Foto: Sammlung Paul

kauft wurden. Dazu waren aber noch Empfangsgebäude nötig, denn auf allen Stationen, außer in Oybin und Bertsdorf, mußten bisher die hölzernen Wartehäuschen genügen. 1911 wurden die Empfangsgebäude mit Fahrkartenausgabe, Dienstraum für den Fahrdienstleiter und Wohnung in Zeißigschenke, 1913 in Jonsdorf, 1915 in Olbersdorf Niederdorf und 1916 in Oybin Niederdorf fertiggestellt. In jener Zeit erhielten die Betriebsstellen Kurbelwerke, mit denen Riegel und Einfahrsignale gestellt werden konnten. Die Riegel legten die Weichen fest, und mit der mechanischen Einrichtung im Kurbelwerk wurde die Signalabhängigkeit festgestellt, so daß der Lokomotivführer mit der Fahrtstellung der Einfahrsignale sicher sein konnte, daß die Weichen die richtige Lage einnehmen. Auf Zittau–Oybin wartete eine andere Lösung.

Am 4. April 1910 lag den Abgeordneten des sächsischen Landtages das Dekret Nummer 28 vor, in dem die Verhältnisse im Personenverkehr der Schmalspurstrecke zwischen Zittau und Oybin geschildert werden. Es wird festgestellt, daß die hervorragenden Naturschönheiten der Orte Oybin und Jonsdorf und deren Umgebung veranlassen, die Gegend von Jahr zu Jahr häufiger zu besuchen, was sich auch in der Anzahl der Reisenden niederschlägt. Fuhren im ersten vollen Betriebsjahr der ZOJE 246 777 Personen mit dieser Bahn, waren es 1909 schon 523 000. »Ganz besonders rege gestalte sich aber der Personenverkehr auf diesen Linien an Sonn- und Feiertagen, die für den Sommer- oder Winterausflugsverkehr günstig sind.« Der plötzliche Ansturm auf die Züge an einzelnen Tagen und in wenigen Stunden brachte die kleine Bahn in Schwierigkeiten. Am Pfingstsonntag 1908 wurden 8791 Reisende gezählt. Am 2. Pfingstfeiertag 1909 waren es gar 12 337 Personen. Zwischen 17.30 Uhr und 21.00 Uhr wollten 4 780 Personen von Jonsdorf und Oybin nach Zittau zurück. Der Sommerfahrplan 1909 sah allein in diesem Zeitraum 11 Züge zwischen Oybin und Jonsdorf und Zittau Vorstadt vor. Mehr gaben die vorhanden Fahrzeuge und die Betriebsanlagen nicht her. Von den heimwärts strebenden Reisenden wollte keiner solange warten bis der Andrang nachläßt. So »stürmten« bis zu 80 Personen den kleinen Zugführerwagen. Das Eisenbahnpersonal war weder am Bahnsteig noch in den Zügen Herr der Lage.

Die Staatsbahn bemühte sich und war trotzdem Beschwerden ausgesetzt, u. a. durch den Verein zur Hebung des Fremdenverkehrs für Zittau und Umgegend. Es kam zu öffentlichen Kundgebungen gegen die Staatseisenbahnverwaltung. Im Dekret heißt es weiter: »... ist nicht zu verkennen, daß die Einrich-

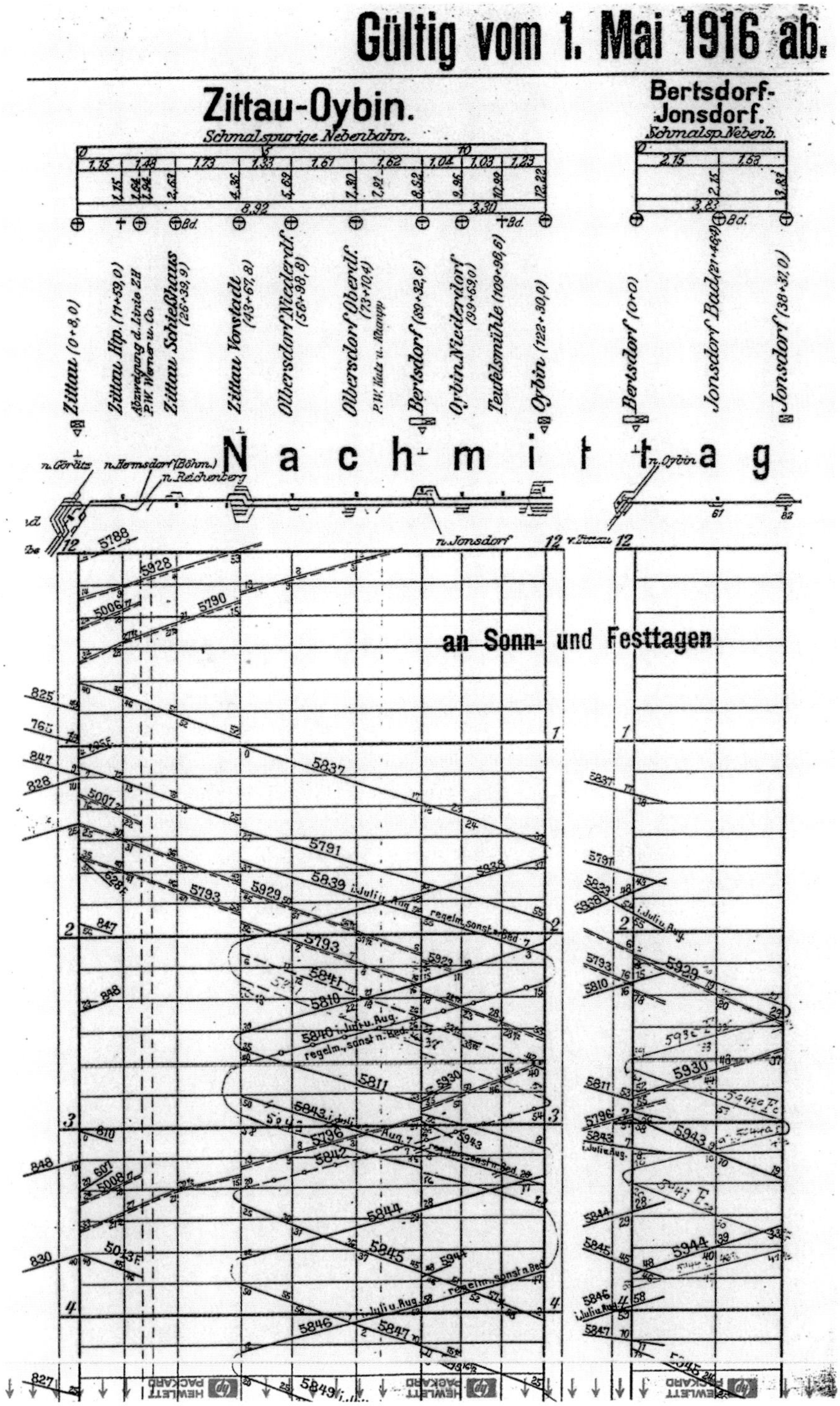

Bildfahrplan von 1916. Sammlung R. Preuß

tungen der Bahn den in den letzten Jahren außerordentlich gesteigerten Anforderungen des stoßweise auftretenden Ausflugsverkehrs nach Oybin und Jonsdorf wenigstens auf der Strecke Zittau Vorstadt–Oybin nicht mehr voll gewachsen sind. Hinsichtlich der Bertsdorf-Jonsdorfer Linie sowie der Strecke Zittau Bahnhof–Zittau Vorstadt sind die erhobenen Klagen nicht begründet und zurzeit irgendwelche besonderen Maßnahmen nicht erforderlich, da sich der Hauptverkehr der Ausflügler zwischen den Stationen Zittau Vorstadt und Oybin bewegt.« [20]

Die sächsischen Staatsbahnen stellen sich auch darauf ein, daß der Landtag nicht bereit ist, mit staatlichen Mitteln zu helfen. So werden im Dekret Notmaßnahmen der Staatsbahnen angeführt, die zuerst vernünftig klingen, im Eisenbahnalltag aber zu Konflikten zwischen dem reisewilligen Publikum und der nicht leistungsbereiten Eisenbahn führen müssen, weil dann der Ausflug manches Zittauers schon am Bahnhof enden würde:

Beschränkung der Wagenzahl je Zug, damit kein überfüllter Zug in der Steigung »steckenbleibt«

Bahnsteigsperren auf den Bahnhöfen Zittau Vorstadt und Oybin

Einschränkung des Fahrkartenverkaufs auf die Anzahl der Personen, die in geordneter Weise befördert werden könnten

Besetzung sämtlicher Verkehrsstellen mit Eisenbahnern – mit Ausnahme des Haltepunktes Teufelsmühle – »zur Aufrechterhaltung der Ordnung und im Interesse der Sicherheit des Betriebes.«

Kein Einsatz von Güterwagen im Personenverkehr.

Die Staatsbahnen verwiesen auf gesetzliche Bestimmungen, die den Ausschluß zur Beförderung gestatteten, gaben den Abgeordneten aber zu bedenken, daß es doch die Staatseisenbahnverwaltung als ihre Aufgabe betrachte, »den Verkehr nach und von Oybin auch an Tagen stärksten Andrangs vollauf zu bewältigen.« Das käme allerdings nur in Betracht, wenn die Leistungsfähigkeit der Bahn gesteigert würde.

Dafür gab es im Dekret Vorschläge: die Verkehrsstellen Nieder-Olbersdorf, Zeißigschenke und Wittigschenke mit Beamten zu besetzen, die dort auch Fahrkarten verkaufen, und die Zuganzahl zu erhöhen. Dazu müßten jedoch fünf neue Lokomotiven und 52 vierachsige Personenwagen beschafft werden, für die Abstellgleise zu legen sind und die ihren Wartungsaufwand erfordern. Und das alles für die wenigen Stunden am Wochenende! Deshalb sah das Dekret noch einen anderen Vorschlag vor, nämlich zweigleisiger Ausbau der Strecke Zittau Vorstadt–Oybin, ähnliches war schon 1891 bei der ZOJE als »Doppelgleis Zittau–Bertsdorf« diskutiert worden. Als Vorteil führt das Dekret an: »Damit wäre die Möglichkeit geboten, auch in den Zeiten des stärksten Verkehrs etwa die doppelte Zahl der Züge zu fahren, die im Sommer 1909 verkehren konnten. Eine wesentliche Vermehrung der Fahrbetriebsmittel würde dadurch vermieden werden können, da der Umlauf der Züge erheblich beschleunigt sowie die Zahl der darin mitzuführenden Wagen beschränkt werden könnten. Für einen Zehnminutenbetrieb müßten lediglich 14 Personenwagenachsen über den gegenwärtigen Bestand hinaus beschafft werden, um bei einer Stärke der Züge von 20 Personenwagenachsen ohne Güterwagen auszukommen. ... der zweigleisige Ausbau [hat] zunächst den Vorzug größerer Sicherheit und Vereinfachung der Betriebsweise, zugleich aber auch den Vorteil geringerer Kosten, da auf den Stationen bereits vorhandene Gleise ausgenutzt werden können ...« Die Bahn sollte weiterhin als Nebenbahn betrieben und die Fahrgeschwindigkeit nicht erhöht werden. Es sollten jedoch alle Stationen zwischen Zittau Vorstadt und Oybin als Zugfolgestelle und mit Signalen ausgestattet werden. Außerdem schlägt das Dekret vor, den »Niveauübergang bei Station 68 + 18 Z. O. innerhalb des Ortes Olbersdorf zu beseitigen, indem die Strecke zwischen km 6,46 und km 7,22 verlegt und über einen Viadukt über die Straße geführt werde«. Außerdem sollte der Bahnhof Zittau Vorstadt ein neues Empfangsgebäude und weitere Gleise erhalten und beim Bahnhof Oybin das Empfangsgebäude erweitert werden.

Mit den »14 Personenwagenachsen« sind Personenwagen gemeint. Zugfolgestellen begrenzen signalmäßig Streckenabschnitte. Die Zugfahrt ist dann zugelassen, wenn der vorliegende Streckenabschnitt (Zugfolgeabstand) frei ist. Hier zielte der Vorschlag auf kürzere Abschnitte, die eine kürzere Zugfolge erlauben sollten.

Die Landtagsabgeordneten erhielten auch eine Kostenübersicht:

1. Erweiterung des Bahnhofs Zittau Vorstadt und Bau eines Empfangsgebäudes 176 000 Mark

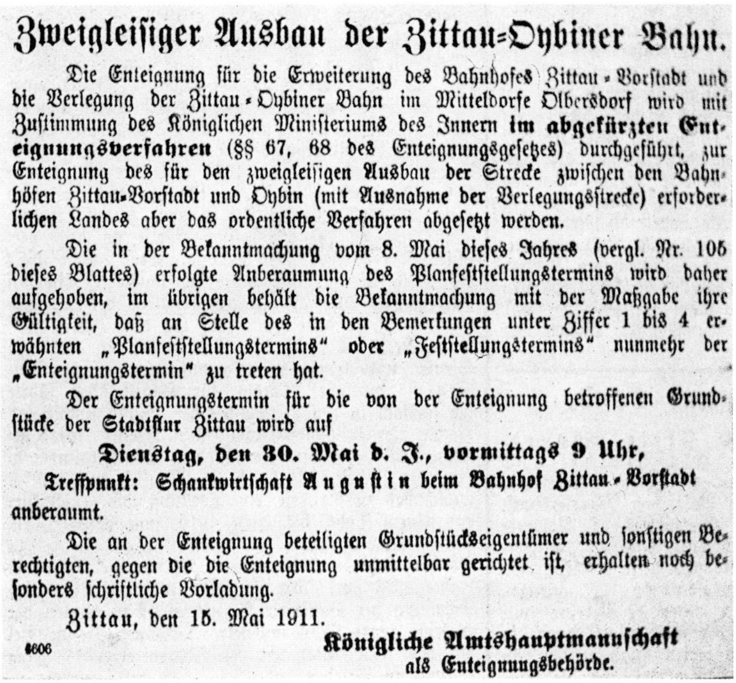

Zweigleisiger Ausbau der Zittau-Oybiner Bahn.

Die Enteignung für die Erweiterung des Bahnhofes Zittau-Vorstadt und die Verlegung der Zittau-Oybiner Bahn im Mitteldorfe Olbersdorf wird mit Zustimmung des Königlichen Ministeriums des Innern **im abgekürzten Enteignungsverfahren** (§§ 67, 68 des Enteignungsgesetzes) durchgeführt, zur Enteignung des für den zweigleisigen Ausbau der Strecke zwischen den Bahnhöfen Zittau-Vorstadt und Oybin (mit Ausnahme der Verlegungsstrecke) erforderlichen Landes aber das ordentliche Verfahren abgesetzt werden.

Die in der Bekanntmachung vom 8. Mai dieses Jahres (vergl. Nr. 106 dieses Blattes) erfolgte Anberaumung des Planfeststellungstermins wird daher aufgehoben, im übrigen behält die Bekanntmachung mit der Maßgabe ihre Gültigkeit, daß an Stelle des in den Bemerkungen unter Ziffer 1 bis 4 erwähnten „Planfeststellungstermins" oder „Feststellungstermins" nunmehr der „Enteignungstermin" zu treten hat.

Der Enteignungstermin für die von der Enteignung betroffenen Grundstücke der Stadtflur Zittau wird auf

Dienstag, den 30. Mai d. J., vormittags 9 Uhr,

Treffpunkt: Schankwirtschaft Augustin beim Bahnhof Zittau-Vorstadt

anberaumt.

Die an der Enteignung beteiligten Grundstückseigentümer und sonstigen Berechtigten, gegen die die Enteignung unmittelbar gerichtet ist, erhalten noch besonders schriftliche Vorladung.

Zittau, den 15. Mai 1911.

Königliche Amtshauptmannschaft
als Enteignungsbehörde.

8606

Der zweigleisige Ausbau Zittau Vorstadt–Oybin wird vorbereitet und 1911 das Enteignungsverfahren öffentlich gemacht. Foto: R. Preuß

2. Anbau an das Empfangsgebäude in Oybin 17 000 Mark
3. Zweigleisiger Ausbau ohne Streckenverlegung in Olbersdorf 407 000 Mark
4. Streckenverlegung und zweigleisiger Ausbau auf der Verlegungsstrecke 182 000 Mark.

Die Gesamtkosten mit 782 000 Mark wurden zwar als hoch bewertet, zumal die Maßnahmen nur für 50 Tage im Jahr als notwendig erachtet wurden, sie galten aber als unvermeidlich und als vorteilhaft im Vergleich zu den Kosten anderer Vorschläge, wie Straßenbahnbetrieb zwischen Zittau und Olbersdorf oder »Elektrisierung« der jetzigen Dampfbahn.

Der Landtag genehmigte einstimmig das für die sächsischen Schmalspurbahnen beispielhafte Projekt und ließ die vom Gewerbeverein zu Olbersdorf eingebrachte Petition für eine elektrische Straßenbahn Zittau–Olbersdorf, mit der die Gebirgsorte Oybin und Jonsdorf nicht erreicht würden, »auf sich beruhen«.

Auf Hauptbahnen galt der zweigleisige Betrieb als notwendig und für die Betriebsabwicklung - Züge mußten nicht in Bahnhöfen Gegenzüge abwarten - als einfach. Bei Nebenbahnen dagegen konnte man darauf verzichten, schließlich fuhren da weniger Züge. Nun aber zweigleisig auf einer schmalspurigen Nebenbahn? Doch so abwegig war die Idee nicht. Bei Straßenbahnen war die zweigleisige Streckenführung durch die Städte schon lange bekannt, das war sicherer und beschleunigte den Straßenbahnbetrieb. Bei Schmalspurbahnen gibt es das heute noch in Deutschland, und zwar bei drei Bahnen. Die Oberrheinische Eisenbahngesellschaft (Mannheim–Heidelberg–Mannheim) und die Rhein-Haardt-Bahn (Mannheim–Bad Dürkheim) - beide meterspurig - betreiben ihre Strecken zweigleisig, und die Borkumer Kleinbahn (Spurweite 900 mm) ist nach einer Unterbrechung auch wieder zum zweigleisigen Betrieb zurückgekehrt.

Wie im Dekret vorgeschlagen, wurde nicht nur das Streckengleis ergänzt, es wurden auch die beiden Haltestellen Nieder-Olbersdorf und Wittigschenke zu Bahnhöfen ausgebaut sowie der Talwechsel in Olbersdorf so verändert, daß nicht mehr die Dorfstraße niveaugleich zu schneiden war. Dazu war es notwendig, eine Brücke zu bauen. Inwieweit die einzelnen Betriebsstellen von den Gleiserweiterungen betroffen waren, wird im Abschnitt 9 beschrieben.

Außerdem sollten mehrere Bahnhöfe, die bisher mit den kleinen hölzernen Wartehallen auskommen mußten, feste Empfangsgebäude erhalten. So wurden Empfangsgebäude mit Wohnungen für die Eisenbahner gebaut in Zittau Vorstadt (1912), Nieder-Olbersdorf (1915), Zeißigschenke (1916), Wittigschenke (1916) und Jonsdorf (1913). In den Gebäuden wurden auch ein Dienstraum für den Fahrdienstleiter und die Fahrkartenausgabe eingerichtet. In Zittau Vorstadt erhielten die beiden Bahnsteige an den neuen Gleisen zugleich einen Tunnelzugang zum Empfangsgebäude.

Der im Dekret genannte Voranschlag reichte nicht aus, die Bausumme wurde um fast 100 000 Mark überzogen (846 400 Mark). Am 15. April 1913 wurde die verlegte Strecke zwischen St. 64 + 30 und 71 + 80 ZO in Betrieb genommen und der zweigleisige Betrieb zwischen Zittau Vorstadt und Oybin eröffnet.

Ein Jahr später wurden vier Betriebsstellen umbenannt. Die von der Bahnverwaltung veranlaßte eigenmächtige Neubezeichnung mit »Ober-Olbersdorf« für die »Haltestelle Zeißigschenke« veranlaßte das in solchen Angelegenheiten zuständige sächsische Finanzministerium zu grundsätzlichen Neuregelungen. Zumindest sollte jede Eisenbahnstation als erstes den Ortsnamen tragen. Am 4. Juni 1914 wurden Nieder-Olbersdorf in Olbersdorf Niederdorf, Ober-Olbersdorf (Zeißigschenke) in Olbersdorf Oberdorf, Wittigschenke in Oybin Niederdorf und Bad Jonsdorf in Jonsdorf Bad umbenannt.

Der Erste Weltkrieg zeitigte seine Auswirkungen. Manche Familie wurde durch Einberufungen betroffen. Der Güterverkehr stand gleich zu Kriegsbeginn still, die Betriebe litten unter dem Mangel von Kohle zum Heizen. Kam noch 1914 der Güterverkehr wieder in Gang, fehlte es in Zittau durch die Einberufungen an Umschlagarbeitern. Nur ein Teil der Güter wurde in Normalspurwagen auf Rollböcken befördert, der andere Teil mußte zwischen Normal- und Schmalspurwagen per Hand oder Kran umgeladen werden.

Seit 1908 schürfte die Braunkohlengrube »Glückauf« im Tiefbau Braunkohle, und 1919 wurden am Bahnhof Olbersdorf Oberdorf Kohle von einer Seilbahn in die Schmalspurbahn umgeladen. Ein Teil davon war zum Bahnhof Hermsdorf i. B. zu befördern, ohne den Bahnhof Zittau zu berühren. Dazu wurden ab Zittau Schießhaus die Wagen zur Abzweigstelle Neißebrücke geschoben und von da nach Hermsdorf i. B. wieder gezogen.

Die Schmalspurbahn beförderte im Güterverkehr hauptsächlich Kohle und Holz. In dem langgestreckten Straßendorf Olbersdorf entstanden weitere Werke, die neben dem Straßentransport auch die Schmalspurbahn für den Empfang und Versand der Güter benutzten. Die Staatsbahnen beabsichtigten, für Zittau bis 1920 Rollwagen zu beschaffen, doch dazu kam es nicht mehr.

5

Die Zittauer Schmalspurbahn bei der Deutschen Reichsbahn

Der Erste Weltkrieg brachte den einzelnen Staatseisenbahnen harte Konsequenzen. Die hohen Abgabeforderungen der Siegermächte richteten sich nicht an die sieben deutschen Staatsbahnen (landläufig als »Länderbahnen« bezeichnet), sondern an das Deutsche Reich insgesamt. Zur Erfüllung der Reparationsleistungen brauchte der Staat eine einzige Eisenbahn-Organisation, nicht deren sieben. Die Kriegswirtschaft hatte die einst soliden Bahnen ruiniert. So gab es wenig Widerstand, aus den sieben Eisenbahn-Verwaltungen eine einzige zu bilden, die den Namen »Deutsche Reichsbahn« erhielt. Damit gehörten sämtliche sächsischen Schmalspurbahnen seit 1. April 1920 zur Deutschen Reichsbahn.

Die Beschaffung stärkerer Lokomotiven (siehe Abschnitt 10) und Rollwagen für Zittau gehörte zu den ersten, wenn auch späten Maßnahmen der Deutschen Reichsbahn. Die Rollböcke waren verschlissen. Rollwagen hatten eine höhere Tragfähigkeit und konnten auch normalspurige Drehgestellwagen aufnehmen, nicht unwichtig, da von diesen Wagen erhebliche Mengen Langholz für Olbersdorf Oberdorf in Zittau umgeladen werden mußten. In

Die größeren Lokomotiven und die Rollwagen bringen höhere Achslasten. Der Oberbau muß verstärkt werden. Erinnerungsfoto einer Rotte mit Signalmitteln, Oybin1927. Foto: Sammlung R. Preuß

Tp 25 (37,1) 3. Klasse W [Sa] oG (—t)
P 25 (30,1) 2. 3. Klasse S u Sa (44 t)

Zittau—Kurort Oybin

Last 135 oder 105 t

Höchstgeschwindigkeit 25 km/h
vT 180 PS od K 57. 9 (99^{73}) od K 55. 8 u 9 (99^{64-72})

Mindestbremshundertstel 54

1	2	3	4	5	6	7	8	9	10	11
.		**Zittau**	—	—	1254					
1,1		Zittau Hp	1257$_5$	1	58$_5$	3,5	3,3			
0,5		Bk Neißebrücke	—	—	1300	1,5	1,5	4,5 / 4,2		
1,0		Zittau Schießhaus	1303	2	05	3,0	2,7		11078	
1,7		Zittau Vorst	11	2	13	6,0	5,3			
1,3		Olbersdorf Niederdorf ...	17	1	18	4,0	3,7			
1,7		Olbersdorf Oberdorf	23	1	24	5,0	4,7		11082*	
1,6		**Bertsdorf**	31	5	36	7,0	5,1			
1,0		Kurort Oybin Niederdorf	39$_5$	1	40$_5$	3,5	3,0			
1,1		Teufelsmühle	45	× 1	46	4,5	3,6			
1,2		**Kurort Oybin**	1351	—	—	5,0	3,9			
12,2				14,0		43,0	36,8			

Seite aus dem Buchfahrplan von 1936. Der Zug sollte als Triebwagen fahren (vT 180 PS) oder als lokomotivbespannter Zug. Die Abzweigstelle Neißebrücke gilt hier als Blockstelle. Sammlung R. Preuß

Sachsen waren bei nahezu allen Schmalspurbahnen die Rollböcke durch Rollwagen ersetzt worden, nur in Zittau nicht. Die Rbd Dresden spekulierte auf den normalspurigen Ausbau des Bahnhofs Zittau Schießhaus – mit der normalspurigen Verbindung vom Bahnhof Zittau aus – und bewertete den Ersatz der Rollbock- durch eine Rollwagengrube als halbe Maßnahme. Doch die Handelskammer Zittau drängte und erhielt Ende 1924 aus Dresden die Antwort: »Die als zwischenzeitliche Abhilfemaßnahme vorgesehene Einstellung leistungsfähiger Rollwagen auf der Linie Zittau–Oybin hat sich bisher leider nicht ermöglichen lassen. Die Durchführung dieser Maßnahme machte bauliche Veränderungen auf dem Bahnhof Zittau sowie die Beschaffung weiterer Rollfahrzeuge nötig. Hierfür standen uns bei der bekannten ungünstigen Finanzlage der Reichsbahn im vergangenen Jahre Mittel nicht zur Verfügung. Sobald uns die erforderlichen Beträge für 1925 bewilligt sind, werden wir die notwendigen Veränderungen an der Umsetzanlage auf dem Bahnhof Zittau vornehmen lassen.« [7] Unter Veränderungen wurde der Umbau der Rollbockgrube zur 70 m langen Umsetzanlage für Rollwagen am Gleis 67 verstanden. Zwischen dem Normalspurgleis 65 und Schmalspurgleis 8 wurde 1927 in Zittau eine weitere Umsetzanlage gebaut, über die Normalspurwagen auf Rollwagen geschoben werden konnten. Zunächst gab es in Zittau drei Formen des Güterumschlags: Umladung, Rollböcke und Rollwagen. Die Rbd Dresden sah vor, Rollböcke vorzugsweise auf der Bahn nach Hermsdorf i. B., Rollwagen auf

Am 6. Januar 1926 entgleiste die Lokomotive 99 698 am Viebig in Olbersdorf und stürzte in ein Gartengrundstück. Das Lokomotivpersonal kam glimpflich davon, denn es war schnell abgesprungen. Foto: Sammlung R. Preuß

der Zittau-Oybiner Strecke zu verwenden. Profileinschränkungen an der Brücke beim Bahnhof Bertsdorf verboten eine Abfertigung von Normalspurwagen mit Tonnendach und von Wagen mit das Dach überragenden Bremserhäusern nach Jonsdorf.

1926 gab es in Olbersdorf eine recht spektakulären Unfall, der jedoch glimpflich verlief. Infolge einer Gleiserweiterung stürzte die Lokomotive 99 653 an der Viebigbrücke etwa 4 m tief vom Damm in einen Garten. Der an der Lokomotive hängende Personenwagen blieb in der Schwebe hängen, als die Kupplung zerriß. Das Lokomotivpersonal war noch rechtzeitig abgesprungen. Mit Hautabschürfungen verletzten sich allerdings die Reisenden des Zuges, die von der Erschütterung des Zuges beunruhigt und ebenfalls abgesprungen waren.

1928 wurde die sogenannte Entlastungsstraße gebaut, die von Zittau aus, das Dorf Olbersdorf umgehend, ins Gebirge führt. Sie erforderte nahe des Bahnhofs Zittau Vorstadt eine Eisenbahnbrücke. Während des Brückenbaus mußten die Züge ab 3. September 1928 vorübergehend ein Umgehungsgleis befahren. Zehn Jahre später, im Jahre 1938, erhielten mehrere Bahnhöfe kleine Stellwerke sowie erhöhte Rampen zum Be- und Entladen von Normalspurwagen. Doch in den Bahnhöfen Zittau Vorstadt und Kurort Oybin, in denen im zweigleisigen Betrieb am häufigsten die Fahrwege gewechselt wurden, blieb es bei Handweichen und Kurbelwerken. Das bedeutendste Stellwerksgebäude erhielt der Bahnhof Bertsdorf.

Die Deutsche Reichsbahn führte, um bei Verkehrsstellen mit wenig Gutaufkommen nicht voll ausgebildete Eisenbahner einsetzen zu müssen, den »vereinfachten Verkehrsdienst« ein, für die Zittauer Schmalspurbahn am 1. April 1938. Die Eisenbahner nahmen Gut und Frachtbrief entgegen, brachten auf ihn Annahmevermerke an, und erst in Zittau wurde die Ladung verbucht und berechnet.

Ein Erinnerungsfoto aus den Nachkriegsjahren, das zugleich Anschriften zeigt. Ein Emailleschild kennzeichnet den Traglastenwagen als 3. Klasse. Daneben befindet sich das Wechselschild für Raucher und Nichtraucher, im Wageninneren war das Schild verschlossen. Die Anschriften Hbr und Köbr geben an, daß der Wagen mit der Heberlein- und mit der Körtingbremse fahren kann. Foto: Paul

Kriegsvorbereitungen und erst recht die Kriegsjahre beeinflußten auch das Leben in der Oberlausitz. Die Männer wurden einberufen, gaben »für Führer, Volk und Vaterland« ihr Leben, Ausflüge ins Gebirge gehörten kaum noch zum Alltag, es fehlte an Rohstoffen. Wohl weil Stahl gebraucht wurde und das zweite Gleis nicht unbedingt notwendig war, mußten »Ostarbeiter« im Winter 1943/44 das zweite Streckengleis zwischen Bertsdorf und Kurort Oybin abbauen. Kurort Oybin Niederdorf wurde Haltestelle im Sinne der Eisenbahn- Bau und Betriebsordnung. Am 7. Mai 1945 kam der Zugverkehr vollkommen zum Erliegen, nachdem ein Personenzug in Zittau Schießhaus von sowjetischen Flugzeugen bombardiert worden war. Einen Tag später war der Krieg zu Ende.

Nachkriegsjahre

Die Oberlausitz westlich der Neiße lag nun in der sowjetischen Besatzungszone. Die radikalen politischen Veränderungen nannte die Bevölkerung den Umsturz. Das Leben ging weiter. Am 21. Mai 1945 fuhren auf der Schmalspurbahn wieder Züge. Anfang Juni ordneten sowjetische Offiziere die Demontage der Strecke an. Der Protest des mutigen Zittauer Oberbürgermeisters Wegerdt beim sowjetischen Stadtkommandanten Pawlow verhinderte dies teilweise. Am 31. August 1945 bereisten sowjetische Offiziere die Strecke und befahlen, das noch vorhandene zweite Streckengleis Zittau Vorstadt–Bertsdorf als Reparationsleistung abzubauen. Die Demontage hatte bereits am 26. Juni 1945 begonnen. Im Dezember mußten vier Lokomotiven abgegeben werden, so daß nur noch zwei einsatzfähige Maschinen vorhanden waren, von denen eine wegen einer Entgleisung bis 4. Januar 1946 ausfiel (die Statistiker führen 5 Lokomotiven für die Reparation an: Die Differenz konnte bislang nicht geklärt werden). Es verkehrte bis 4. Januar 1946 nur noch ein einziges Zugpaar. [21] [23]

Inbetriebnahme der Triebwagen VT 137 322 bis 325

Betriebsnummer	Ablieferung	Abnahme	Inbetriebnahme
VT 137 322	05.10.1938		24.10.1938
VT 137 323	25.05.1938	25.06.1938	07.07.1938
VT 137 324	25.05.1938	16.07.1938	16.07.1938
VT 137 325	25.05.1938	25.06.1938	07.07.1938

Vor der Weiterfahrt nach Kurort Jonsdorf fließt in Bertsdorf Wasser in den Behälter des Tenders der Lokomotive 99 694. Das Wasser in Bertsdorf ist weich und für die Lokomotiven gut geeignet (1952). Foto: Paul

Eisenbahner und die Bevölkerung mußten sich damit abfinden, daß Polen das Gebiet jenseits der Neiße besetzte, auch wenn es zu Sachsen gehörte, die Einwohner vertrieben und von Zittau nach Reichenau/Hermsdorf i. B. seit 22. Juni 1945 keine Züge mehr fahren konnten. Durch Zittau zogen Flüchtlingsströme aus Ungarn, Schlesien, Böhmen und von den Nachbardörfern hinter der Neiße. Den Eisenbahnern der Schmalspurbahn drohten neue Gefahren, denn an mehreren Stellen in der Stadt standen sowjetische Triumphpforten mit Kontrollposten, die nach Männern Ausschau hielten, um sie festzunehmen und in sowjetische Arbeitslager zu transportieren. Ein solcher Posten befand sich in der Nähe des Bahnhofs Zittau Schießhaus an der Mandaukaserne. Zweisprachige Dienstausweise schützten die Eisenbahner nach ersten folgenschweren Übergriffen. [22]

Schritt für Schritt wurde das öffentliche Leben den kommunistischen Vorstellungen angepaßt. Die SED als »Partei der Arbeiterklasse« und die der SED angepaßte Gewerkschaft bestimmten über den Alltag der Eisenbahner bis zum Jahre 1989 und setzten die zentralen Vorgaben vor Ort um. Vom zentral geleiteten Verkehrswesen profitierte die Schmalspurbahn in der Mangelwirtschaft. Mit Weisungen wurde bestimmt, welche Güter mit der Eisenbahn zu befördern waren. Die extensiv erweiterte Produktion in den nun volkseigenen Betrieben zwischen Zittau und Jonsdorf belebte den Güterzugverkehr, wenn es nicht gerade an Güterwagen mangelte. Bei den Werktätigen stand der Kauf eines Autos in weiter Fer-

Fahrpreise im Jahre 1965 bei der DR (Preisbeispiele)

Strecke	Einfache Fahrt	Hin- und Rückfahrt[1]
	2. Klasse[2] [Mark]	2. Klasse[2] [Mark]
Zittau–Kurort Oybin/Kurort Jonsdorf	1,10	1,40
Zittau Süd–Kurort Oybin/Kurort Jonsdorf	0,80	1,10
Zittau Vorstadt–Kurort Oybin/Kurort Jonsdorf	0,70	1,00

1 Tarifermäßigung »Sonntagsrückfahrkarte«
2 entspricht der 3. Klasse bis 1955

Bitte schicken Sie mir gratis ein Probeheft!

Vorname, Name

Straße, Nr.

LKZ-PLZ, Ort

Vorwahl Telefon-Nr.

Bitte leserlich (in Druckbuchstaben) schreiben,
damit eine fehlerhafte Adressierung vermieden wird.

Modell Eisen Bahner

Bitte mit
Postkarten-
Porto
freimachen

Werbeantwort

Redaktion
Modelleisenbahner
Pietsch + Scholten Verlag
Postfach 10 37 43

D-70032 Stuttgart

Vorname

Nachname

Straße

PLZ, Ort

Beruf

Geburtsdatum

Bitte schicken Sie mir **gratis** Ihren Prospekt mit allen lieferbaren Titeln zum Thema:

- ☐ Auto
- ☐ Motorrad
- ☐ Eisenbahn
- ☐ Luftfahrt
- ☐ Waffen
- ☐ Zeitgeschichte
- ☐ Maritim
- ☐ Reisen/Survival/Sport
- ☐ Fahrrad
- ☐ Pferde
- ☐ Hunde/Katzen
- ☐ Essen/Trinken
- ☐ Angeln/Tauchen

Bitte ausreichend frankieren

Antwortkarte

Paul Pietsch Verlage
Abteilung Kunden-Service
Postfach 10 37 43

70032 Stuttgart

Wagen in Zittau (1955)

Wagennummer (ab 1951)	Wagennummer (ab 1958)	Gattung	Hersteller	Lieferjahr	Bemerkungen
1. Sitzwagen					
7.0103	970-231	C4/KB4	Btz	1910	1996 an SOEG
7.0105	970-232	C4/KB4	Btz	1910	1992 nach Radebeul
7.0106	970-233	C4/KB4	Btz	1910	1978 ausgemustert (bei PE Görl)
7.0107	970-234	C4/KB4	Btz	1910	1996 an SOEG
7.0303	970-251	C4/KB4	Btz	1922	1993 an DBG
7.0311	970-252	C4/KB4	Btz	1922	Traditionswagen in Radebeul
7.0312	970-253	C4/KB4	Btz	1922	1992 nach Hainsberg; Drb
7.0314	970-254	C4/KB4	Btz	1922	1996 SOEG
7.0343	970-255	C4/KB4	Btz	1922	1992 nach Hainsberg; Drb
7.0345	970-256	C4/KB4	Btz	1922	1992 nach Hainsberg; Drb
7.0347	970-257	C4/KB4	Btz	1922	1996 an SOEG
7.0353	970-238	C4/KB4	Btz	1913	1967 ausgemustert
7.0354	970-239	C4/KB4	Btz	1913	1973 ausgemustert
7.0355	970-240	C4/KB4	Btz	1913	1996 an SOEG
7.0373	970-241	C4/KB4	Btz	1913	1996 an SOEG
7.0387	970-242	C4/KB4	Btz	1913	1970 ausgemustert
7.0394	970-243	C4/KB4	Btz	1913	1996 an SOEG
7.0395	970-235	C4/KB4	Btz	1913	1992 nach Hainsberg; Dbr
7.0399	970-236	C4/KB4	Btz	1912	Traditionswagen in Radebeul
7.0400	970-237	C4/KB4	Btz	1912	Traditionswagen in Radebeul
7.1007	970-280	C4tr/KB4tr	Btz	1926	1992 nach Radebeul
7.1014	970-281	C4tr/KB4tr	Btz	1926	1992 nach Radebeul
7.1096	970-271	C4tr/KB4tr	Wer	1922	1996 SOEG
7.1101	970-272	C4tr/KB4tr	Wer	1922	1973 ausgemustert
7.1119	970-273	C4tr/KB4tr	Wer	1922	1992 nach Radebeul
7.1138	970-274	C4tr/KB4tr	Wer	1922	1996 an SOEG
7.1139	970-275[1]	C4tr/KB4tr	Wer	1922	1996 an SOEG
7.1141	970-276	C4tr/KB4tr	Wer	1922	1996 an SOEG
7.1142	970-277	C4tr/KB4tr	Wer	1922	1993 an DBG
7.1143	970-278	C4tr/KB4tr	Wer	1922	1996 an SOEG
7.1144	970-279	C4tr/KB4tr	Wer	1922	Untergestell 1992 an IG Preßnitztalbahn
7.1147	970-261	C4tr/KB4tr	Btz	1914	1996 an SOEG
7.1150	970-282[1]	C4tr/KB4tr	Btz	1914	1996 an SOEG
7.1151	970-262	C4tr/KB4tr	Btz	1914	1996 an SOEG
7.1153	970-263[1]	C4tr/KB4tr	Btz	1914	1996 an SOEG
7.1154	970-264	C4tr/KB4tr	Btz	1914	1992 nach Hainsberg; Drb
7.1155	970-265	C4tr/KB4tr	Btz	1914	1976 ausgemustert
7.1157	970-266[1]	C4tr/KB4tr	Btz	1914	1996 an SOEG
7.1158	970-267	C4tr/KB4tr	Btz	1914	1992 nach Radebeul
7.1162	970-268	C4tr/KB4tr	Btz	1914	1996 an SOEG
7.1163	970-269	C4tr/KB4tr	Btz	1914	Traditionswagen in Radebeul
2. Gepäckwagen[2]					
7.1773	974-111	Pw4/KD4	Wer	1922	1992 nach Hainsberg; Slb
7.1775	974-112	Pw4/KD4	Wer	1922	1996 an SOEG
7.1792	974-101	Pw4/KD4	EW	1910	1996 an SOEG
7.1814	974-102	Pw4/KD4	Wer	1915	1992 nach Radebeul

Wagennummer (ab 1951)	Wagennummer (ab 1958)	Gattung	Hersteller	Lieferjahr	Bemerkungen
7.1815	974-103	Pw4/KD4	Wer	1915	1996 an SOEG
7.1816	974-104	Pw4/KD4	Wer	1915	1996 an SOEG[3]
7.1829	974-121	Pw4/KD4	Btz	1929	1996 an SOEG
7.1834	974-122	Pw4/KD4	Btz	1930	1996 an SOEG
7.1837	974-123	Pw4/KD4	Btz	1930	1996 an SOEG
7.1838	974-124	Pw4/KD4	Btz	1930	1996 an SOEG

1 verliehen an Döllnitzbahn (DBG)
2 zugleich als Zugführerwagen
3 seit 1992 auf Bahnhof Kurort Oybin

Btz	Waggon- und Maschinenfabrik AG, vorm. Busch, Bautzen
Drb	Druckluftbremse
EW	Eigene Werkstätten der K. Sächs. Sts. E. B. (Hauptwerkstätten Chemnitz und Leipzig II)
Görl	Görlitzer Aktiengesellschaft
PE Görl	Parkeisenbahn Görlitz
Slb	Saugluftbremse
Wer	Sächsische Waggonfabrik Werdau

ne, und so fuhr man familienweise zum Ausflug nach Oybin und Jonsdorf mit der Schmalspurbahn. Bereits in den fünfziger Jahren wurden – wie man das noch aus der Vorkriegszeit kannte – »Schönwetterzüge« eingeführt. Bei einem solchen Wetter galt der »Plan B«, der Bahnhof Zittau setzte Vor- und Nachzüge ein. Das dafür erforderliche Zug- und Lokpersonal sowie die Lokomotiven zog man vom Güterverkehr ab, der dann gänzlich ruhte. Die Mittagszüge ins Gebirge fuhren fast jeden Sonntag mit 12 Personenwagen und Vorspannlokomotive. Nach 1960 wurden solche Aktionen nicht mehr für erforderlich gehalten. Auf den Bahnhöfen Kurort Oybin, Kurort Jonsdorf und Zittau Vorstadt konnte auf einen Teil der Gleisanlagen verzichtet werden. Im Vergleich zu anderen Schmalspurbahnen der DR blieb die ZOJE eine der am meisten beanspruchten Strecken. Selbst bei der SOEG sind an manchen Wochenenden die Züge mit sieben Personenwagen oft bis auf die Plattformen voll besetzt.

Auch im Triebfahrzeugpark gab es manche Veränderung. Mit Ende des Winterfahrplans 1963/64, am 30. Mai 1964, fuhr zum letzten Male der VT 137 322. An seiner Stelle verkehrten seitdem lokomotivbespannte Züge.

Im Jahre 1956 rutschte der Eisenbahndamm an der Eisenbahnstraße in Zittau ab, so daß die Umsetzanlage für Rollwagen unbrauchbar wurde. Eine Sperrung des Güterverkehr auf lange Sicht konnte man sich nicht leisten, und so wurde eine provisorische Umsetzanlage auf der Ostseite des Bahnhofs Zittau, auf dem Schmalspurgleis 21, aufgebaut. Sie war vom 8. November 1956 bis zum Wiederaufbau der alten Anlage am 10. Mai 1957 in Betrieb.

1971 wurden die 124,2 m lange Olbersdorfer Talbrücke, auf der die Züge seit 1913 die Talseiten in Olbersdorf wechseln, instandgesetzt und 1976 die Träger für das zweite Streckengleis entfernt. Instandhaltungsarbeiten fanden erneut im März 1999 statt.

Seit den sechziger Jahren machte sich in der Industrie und bei der Eisenbahn aus mehreren Gründen der Mangel an Arbeitskräften stark bemerkbar. Nur deshalb, weniger aus wirtschaftlichen Gründen, entstanden Pläne der sozialistischen Rationalisierung, die auf die Einsparung von Arbeitsplätzen abzielten. Eisenbahner der Schmalspurbahn wechselten gern auf Arbeitsplätze der Normalspur, weil diese mit Zusatzlöhnen besser bewertet wurden. Seitdem die gesamte Schmalspurbahn dem Bahnhof Zittau unterstand, war der Wechsel kein Problem mehr, und so fand man bei der Schmalspurbahn immer wieder Möglichkeiten, Arbeitsplätze zu reduzieren, weil es an Eisenbahnern sowieso fehlte. Der

Die Lokomotive 99 732 ziert ein Wimpel mit dem Text »Lok in persönlicher Pflege«, das heißt, es wurde auf die Putzer verzichtet (1957). Foto: Paul

Das Bahnbetriebswerk Zittau warnte vor Kohlenklau. Aber in der schweren Nachkriegszeit wollte jeder ein warmes Plätzchen haben. Noch 1965 hing das Schild am Kohlebansen von Bertsdorf. Foto: E. Preuß

Mangel an Wagen, die ohnehin durch den Rollfahrzeugbetrieb nicht so rasch in das normalspurige Netz zurückkamen, überzeugte die staatliche Transportleitung, den Betrieben die Be- und Entladung nicht auf einem Schmalspurbahnhof, sondern auf dem Bahnhof Zittau vorzuschreiben. Auch der Personenverkehr ging zurück, nachdem, trotz langer Wartezeit, mancher Zittauer ein Auto kaufen konnte.

Zu den Rationalisierungsmaßnahmen gehörte, bisher selbständige Dienststellen anderen Bahnhöfen zu unterstellen (siehe Abschnitt 9) oder den vereinfachten Nebenbahndienst einzuführen. An einigen Wegübergängen machten sich wegen des stärker gewordenen Straßenverkehrs und aus Gründen der Rationalisierung Veränderungen notwendig. Die Übergänge Dornspachstraße und Görlitzer Straße in Zittau wurden seit Jahrzehnten bei Zugfahrten von einem Wärter mit Signalflagge gesichert. Auf die Sicherung des Fußgänger-Übergangs Dornspachstraße wurde seit 9. Mai 1967 verzichtet.

Schon 1959 wurde der »Knoten-Stückgutverkehr« eingeführt, aufgrund dessen – als staatlich gewollte Arbeitsteilung – Fahrzeuge des Kraftverkehrs Zittau die Stückgüter beim Kunden abholten und zustellten. Die Übergabe des Gutes zwischen Eisenbahn und Kraftverkehr fand auf dem Güterboden des Bahnhofs Zittau – eben des »Stückgut-Knotens« – statt. Damit wurden die Güterschuppen in Oybin, Jonsdorf und Zittau Vorstadt nicht mehr gebraucht und konnten vermietet werden. Bis 1959 nahmen die Eisenbahner der Schmalspurbahn das Stückgut an, lagerten es im Güterschuppen oder Wagenkasten, verluden es in schmalspurige Güterwagen, die zum Reichenauer Boden in Zittau befördert wurden.

Die wesentliche Reduzierung des Wagenladungs-Güterverkehrs führte zu erheblichen Ein-

161d Zittau – Kurort Oybin / Kurort Jonsdorf und zurück (Schmalspurbahn)

km	Rbd Cottbus Zug Nr / Klasse	301 2.	1 2.	⚒3 2.	5● 2.	307 2.	✝7 2.	✝309 2.	11 2.	◪313 2.	✝13 2.	315 2.	◪15 2.		19 2.	317♁ 🚌 2.	21○ 2.	319 2.	23◒ 2.	✝335 2.	27 2.	✝29 2.	323 2.	⚒31 2.
0,0	**Zittau** ✕ 160e, 161 . ab	2.05	🚌	⚒3.39	⚒4.15	6.17	✝7.28	...	9.00	◪10.27	...	11.22	...	...	12.30	▣13.13	Sa13.13	14.06	🚌	...	16.00	...	17.19	🚌
1,1	Zittau Hp .... 161a ↓	2.09	...	3.43	4.19	6.21	7.32	...	9.04	10.31	...	11.26	...	...	12.34	13.17	13.17	14.10	...	...	16.04	...	17.23	...
2,6	Zittau Süd	2.15	...	3.55	4.27	6.27	7.38	...	9.10	10.40	...	11.32	...	...	12.40	13.27	13.27	14.17	...	...	16.10	...	17.33	...
4,3	Zittau Vorstadt	2.22	...	4.01	4.34	6.38	7.53	✝8.06	9.18	10.47	...	11.39	...	...	12.47	13.34	13.34	14.24	...	✝15.38	16.17	✝17.27	17.40	...
5,6	Olbersdorf Niederdorf ..	2.27	...	4.06	4.38	6.42	7.58	8.11	9.23	10.52	...	11.43	...	...	12.51	13.38	13.38	14.29	...	|	16.22	17.32	17.44	...
7,3	Olbersdorf Oberdorf .... ↓	2.33	...	4.11	4.44	6.48	8.04	8.17	9.29	10.58	...	11.50	...	...	12.57	13.44	13.44	14.35	...	|	16.28	17.38	17.50	...
8,9	**Bertsdorf** (336 m) an	2.39	...	4.17	⚒4.50	6.54	8.10	8.23	9.35	11.04	...	11.56	...	...	13.03	▣13.50	Sa13.50	14.41	...	15.51	16.33	17.44	17.56	...
	Bertsdorf (336 m) ab	↓	2.41	4.18	5.01	↓	8.12	↓	9.39	↓	✝11.07	↓	◪11.58	...	13.06	↓	◪13.53	↓	14.43	↓	16.34	17.45	↓	⚒17.5[illegible]
9,9	Kurort Oybin Niederdorf ↓	↓	2.45	4.22	5.05	↓	8.16	↓	9.43	↓	11.11	↓	12.02	...	13.10	↓	13.57	↓	14.47	↓	16.38	17.49	↓	18.[illegible]
11,0	Teufelsmühle (370 m) ↓	↓	|	4.27	5.10	↓	8.21	↓	9.47	↓	11.15	↓	12.06	...	13.15	↓	14.02	↓	14.51	↓	16.43	17.53	↓	18.[illegible]
12,2	**Kurort Oybin** (389 m) . an	↓	2.54	⚒4.31	5.14	↓	✝8.25	↓	9.51	↓	✝11.19	↓	◪12.10	...	13.19	↓	◪14.06	↓	14.55	↓	16.47	✝17.58	↓	⚒18.[illegible]
	Zug Nr / Klasse			⚒303 2.	⚒305 2.				✝311 oG 2.												⚒321 🚌 2.			
0,0	**Bertsdorf** (336 m) .. ab	2.40	...	⚒4.18	⚒5.12	6.55	...	8.24	✝9.39	11.05	...	11.58	...	...	...	13.52	...	14.42	...	15.52	⚒16.35	...	17.57	...
2,1	Kurort Jonsdorf Hst ... ↓	2.48	...	4.26	5.20	7.02	...	8.32	9.47	11.13	...	12.06	...	...	...	14.00	...	14.50	...	16.00	16.43	...	18.05	...
3,8	**Kurort Jonsdorf** (450 m) an	2.55	...	⚒4.32	⚒5.27	7.08	...	✝8.39	✝9.53	◪11.19	...	12.12	...	...	...	14.06	...	14.56	...	✝16.06	⚒16.49	...	18.11	...

(Fortsetzung) Zug Nr / Klasse		✝33 2.		✝37 2.	329◒ 🚌 2.		333 2.		39 🚌 2.
Zittau ✕ 160e, 161 . ab	...	✝17.56	...	✝19.20	20.08	...	22.21	...	22.44
Zittau Hp .... 161a ↓	...	18.00	...	19.24	20.12	...	22.25	...	22.48
Zittau Süd	...	18.05	...	19.30	20.18	...	22.31	...	22.54
Zittau Vorstadt	...	18.12	...	19.37	20.25	...	22.40	...	23.01
Olbersdorf Niederdorf ..	...	18.16	...	19.41	20.29	...	22.45	...	23.06
Olbersdorf Oberdorf .... ↓	...	18.22	...	19.47	20.35	...	22.51	...	23.12
Bertsdorf (336 m) an	...	18.27	...	19.53	20.41	...	22.56	...	23.17
Bertsdorf (336 m) ab	...	18.39	...	19.54	↓	...	↓	...	23.18
Kurort Oybin Niederdorf ↓	...	18.43	...	19.58	↓	...	↓	...	23.23
Teufelsmühle (370 m) ↓	...	18.48	...	20.03	↓	...	↓	...	23.28
Kurort Oybin (389 m) . an	...	✝18.52	...	✝20.07	↓	...	↓	...	23.32
Zug Nr / Klasse									
Bertsdorf (336 m) .. ab	...	...	...	...	20.42	...	23.19	...	...
Kurort Jonsdorf Hst ... ↓	...	...	...	...	20.50	...	23.27	...	...
Kurort Jonsdorf (450 m) an	...	...	...	...	20.56	...	23.33	...	...

km	Rbd Cottbus Zug Nr / Klasse		302◊ 2.		✝302◒ 2.	⚒304 2.		⚒306 2.	308 2.	✝3[illegible] oG
0,0	**Kurort Jonsdorf** (450 m) ab	...	⚒3.16	...	✝4.04	⚒4.45	...	⚒6.06	7.23	✝9[illegible]
1,7	Kurort Jonsdorf Hst ... ↓	...	3.21	...	4.10	4.51	...	6.12	7.28	9[illegible]
3,8	**Bertsdorf** (336 m) .. an	...	⚒3.28	...	4.16	⚒4.57	...	6.19	7.35	✝9[illegible]
	Zug Nr / Klasse	⚒2 🚌 2.		✝2◒ 🚌 2.		⚒4 2.	6● 2.			✝ 2.
0,0	**Kurort Oybin** (389 m) ab	⚒◊3.13	↓	✝4.00	↓	⚒4.47	5.46	↓	↓	✝9[illegible]
1,2	Teufelsmühle (370 m) ↓	3.17	↓	4.04	↓	4.51	5.50	↓	↓	9[illegible]
2,3	Kurort Oybin Niederdorf ↓	3.22	↓	4.09	↓	4.56	5.55	↓	↓	9[illegible]
3,3	**Bertsdorf** (336 m) an	⚒◊3.25	↓	✝4.12	↓	4.59	5.58	↓	↓	9[illegible]
	Bertsdorf (336 m) ab	⚒3.30	✝ 3.30	...	4.17	5.00	5.59	6.20	7.36	9[illegible]
4,9	Olbersdorf Oberdorf .... ↓	3.36	erst ab 28. IV. 3.36	...	4.23	5.06	6.05	6.26	7.41	9[illegible]
6,6	Olbersdorf Niederdorf ..	3.42	3.42	...	4.29	5.12	6.11	6.32	7.47	9[illegible]
7,9	Zittau Vorstadt	3.47	3.47	...	4.36	5.17	6.16	6.37	7.52	9[illegible]
9,6	Zittau Süd	3.54	3.54	...	4.41	5.24	6.27	6.44	7.59	1[illegible]
11,1	Zittau Hp .... 161a ↓	3.59	3.59	...	4.46	5.29	6.32	6.49	8.04	1[illegible]
12,2	**Zittau** ✕ 160e, 161 . an	⚒4.03	✝4.03	...	✝4.50	⚒5.33	6.36	⚒6.53	8.08	✝1[illegible]

(Fortsetzung) Zug Nr / Klasse		✝312 2.	◪314 2.		316 2.			318♁ 🚌 2.			320 2.		324◒ 🚌 2.			326 2.					330◡ 🚌 2.	
Kurort Jonsdorf (450 m) ab	...	✝10.11	◪11.33	...	12.47	...	...	14.18	...	...	15.08	...	✝16.42	⚒17.05	...	18.27	...	...	...	...	21.09	...
Kurort Jonsdorf Hst ... ↓	...	10.16	11.38	...	12.52	...	...	14.24	...	...	15.14	...	16.47	17.10	...	18.32	...	...	...	...	21.15	...
Bertsdorf (336 m) .. an	...	✝10.23	◪11.45	...	12.59	...	...	14.31	...	...	15.20	...	16.54	⚒17.17	...	18.38	...	...	...	...	21.21	...
Zug Nr / Klasse	⚒10 2.	✝10 2.	✝14 2.	◪16 2.		18 2.	Sa 20 🚌 2.		✝22 2.	⚒22 🚌 2.		✝24 2.		26 2.	28◒ 🚌 2.		✝30 2.	⚒30 🚌 2.		✝34 2.		36 🚌 2.
Kurort Oybin (389 m) . ab	⚒10.02	✝10.14	✝11.40	◪12.44	↓	13.34	Sa14.16	↓	✝14.57	⚒15.04	↓	✝16.17	↓	16.57	18.19	↓	✝19.04	...	...	✝20.25	↓	23.45
Teufelsmühle (370 m) ↓	10.06	10.18	11.44	12.48	↓	13.38	14.20	↓	15.01	15.08	↓	16.21	↓	17.01	18.23	↓	19.08	...	...	20.29	↓	23.49
Kurort Oybin Niederdorf ↓	10.11	10.22	11.49	12.52	↓	13.42	14.24	↓	15.05	15.13	↓	16.26	↓	17.05	18.27	↓	19.13	...	...	20.34	↓	23.54
Bertsdorf (336 m) an	10.14	10.25	11.52	◪12.55	↓	13.45	Sa14.27	↓	15.08	⚒15.16	↓	16.29	↓	17.08	18.30	↓	19.16	...	...	20.37	↓	23.57
Bertsdorf (336 m) ab	10.15	10.26	11.57	...	13.05	13.52	...	Sa14.49	15.09	...	15.21	16.35	16.55	17.09	✝18.31	18.39	19.17	⚒19.23	...	20.43	21.22	...
Olbersdorf Oberdorf .... ↓	10.21	10.32	12.02	...	13.10	13.57	...	14.55	15.14	...	15.26	16.40	17.01	17.14	|	18.45	19.23	19.28	...	20.49	21.27	...
Olbersdorf Niederdorf ..	10.27	10.38	12.07	...	13.16	14.02	...	|	15.19	...	15.32	16.46	17.07	17.20	|	18.50	19.29	19.34	...	20.55	21.33	...
Zittau Vorstadt	10.32	10.48	12.12	...	13.20	14.07	...	Sa15.04	✝15.23	...	15.37	16.51	✝17.11	17.25	18.43	18.55	19.39	19.39	...	21.00	21.38	...
Zittau Süd	10.39	10.55	12.19	...	13.27	14.16	...	an	an	...	15.44	16.57	an	17.32	18.50	19.01	19.46	19.46	...	21.07	21.45	...
Zittau Hp .... 161a ↓	10.44	11.00	12.24	...	13.32	14.21	...	...	...	...	15.49	17.02	...	17.37	18.55	19.06	19.51	19.51	...	21.12	21.50	...
Zittau ✕ 160e, 161 . an	⚒10.47	✝11.04	✝12.27	...	13.36	14.25	...	...	...	...	15.54	✝17.06	...	17.41	✝18.59	19.10	✝19.55	⚒19.55	...	✝21.16	21.54	...

○ verkehrt an Sa als 🚌 ● verkehrt an ✝ als 🚌 ◒ verkehrt an ✝ als Dampfzug ♁ verkehrt an ◪ als Dampfzug ◊ verkehrt ab 28. IV. täglich ◡ verkehrt bis 21. IV.

Kursbuchseite vom Winterfahrplan 1962/63. Es gibt nur noch die 2. Wagenklasse, aber es fährt der Triebwagen

sparungen beim Lokomotiv- und Zugpersonal. Güterzüge nach Kurort Oybin und Kurort Jonsdorf fuhren nur noch bis Oktober 1969, nach Bertsdorf bis 1970 und nach Olbersdorf Oberdorf bis 1994 (offizielle Einstellung). Bereits 1970 war der Kohletransport über die Schmalspurbahn von Olbersdorf Oberdorf zu Ende. Nach der Wirtschafts- und Währungsunion 1990, als zahlreiche Betriebe in Zittau und Umgebung ihre Produktion einstellten, wurden Güterzüge kaum mehr gebraucht. Im Winterfahrplan 1992/93 fuhren sie nur noch dienstags und freitags, vom 26. September 1992 an nur noch bei Bedarf. Der letzte Güterwagen wurde in Zittau am 7. Mai 1993 auf einen Rollwagen umgeladen.

Bahnschicksal Braunkohle

Die Braunkohle war das wichtigste zu befördernde Gut für die Zittauer Schmalspurbahn, und ihr sollte noch eine andere Bedeutung zukommen. Etwa ab 1830 wurde in kleinen Bergwerken bei Olbersdorf und Hartau untertage Braunkohle abgebaut und zuerst als Düngemittel, später als Heizmaterial verwendet. Größere Abbaustätten entstanden nach 1900 in Hirschfelde bei Zittau und in Berzdorf bei Görlitz. Die AG Sächsische Werke gründete in Hirschfelde das Braunkohlen- und Großkraftwerk, das einen 8000 ha großen Tagebau betrieb. Unbedeutend dagegen war die kleine Olbersdorfer Grube. Unter den politischen und wirtschaftlichen Verhältnissen der DDR wurde alles anders. Der

In Bertsdorf mußte viel umgestiegen werden, fast jeder Zug hatte Anschluß zum anderen Endbahnhof (1985). Foto: R. Preuß

Braunkohlentagebau Hirschfelde gehörte infolge der Oder-Neiße-Grenze nunmehr zu Polen, und Polen baute ein eigenes Kraftwerk, für das es selbst Kohle brauchte. Die Führung der DDR setzte auf Stromerzeugung aus eigener Braunkohle und ließ mehrere Kraftwerke bauen, u. a. in Hagenwerder, wo die Grube Berzdorf aber bald auskohlte. Man mußte sich nach anderen Fundorten umsehen und entdeckte im »Zittauer Becken« 950 Millionen Tonnen Kohle, die sich für Heiz- und Kraftwerke gut eignete. Die Abbaukonzeption sah zwei Felder vor, auf denen bis über das Jahr 2000 hinaus 500 Millionen t Kohle abgebaut werden sollte Daß damit die Landschaft zerstört wird, nahm die politische Führung in Kauf. Für den Abbau war zuerst das Feld Zittau-Süd, für die Versorgung des Kraftwerks Hagenwerder ab 1993 das Feld Nord vorgesehen. Die Kohletransporte dorthin wäre Sache der Eisenbahn geworden. Nach den Plänen müßte ein Teil der Stadt Zittau wie ein Sockel aus dem Abraum hervorragen. Währenddessen ging der Abbau in der Olbersdorfer Grube intensiv weiter, die Kohle wurde nicht mehr mit der Schmalspurbahn befördert. An der westlichen Seite des Bahnhofs Zittau begann man einen Verladebahnhof zu bauen, zu dem Förderbänder die Braunkohle transportieren sollten. Nach dem Umschlag in Eisenbahnwagen wäre sie zu den Kraftwerken Hirschfelde und Hagenwerder gefahren worden. Inzwischen wurden in Olbersdorf die ersten Häuser und Gehöfte abgetragen. Als Ersatz entstanden standardisierte Wohnblöcke in Olbersdorf, in die die einstigen Besitzer eines Eigenheims einziehen mußten. Weitere Wohnblöcke waren noch an anderen Stellen vorgesehen. Der alte Olbersdorfer Friedhof und die 1883 geweihte Kirche, die weithin das Ortsbild prägte, fielen dem Kohleabbau zum Opfer. Daß die Zittauer Altstadt »rekonstruiert« würde, wurde behauptet, in Wirklichkeit verfielen die Häuser außerhalb des Marktplatzes und wurden teilweise abgerissen. Neben der Bergbaulandschaft sollte »das Urlauber- und Touristengebiet im gleichen Maße attraktiver und schöner gestaltet werden.«

Das Kohlefeld Süd überlagerte den Streckenabschnitt der Schmalspurbahn bei Olbersdorf, was der Rbd Cottbus die Gelegenheit gab, die Schmalspurbahn loszuwerden. Die »Devastierung« der Schmalspurbahn war von dieser Direktion im IV. Quartal 1990 vorgesehen. Der Rückbau hinter dem »Devastierungsabschnitt«, also ab km 4,7, sollte vier Monate vor Beginn der »Devastierung« beginnen. Als Empfänger der Fahrzeuge waren Strecken der Reichsbahndirektionen Dresden und Greifswald vorgesehen. Der Rat des Kreises schwärmte fortan als günstige Ersatzvariante für die Schmalspurbahn von einer 19,9 km langen Straßenbahn mit 16 Haltestellen, ohne zu berücksichtigen, daß die in der DDR schon bestehenden Straßenbahnbetriebe ihre Schwierigkeiten mit der Fahr-

Zur Sicherung der Übernahme der Personen- und Güterverkehrsleistungen der Schmalspurbahn Zittau–Oybin benötigt der VEB Kraftverkehr Zittau dringend Arbeitskräfte.

Benötigt werden:

– Fahrer für Kraftomnibusse
– Instandsetzungspersonal für Kraftfahrzeuge

Wir bieten:

- Qualifizierungsmöglichkeiten zum Erwerb des Führerscheines Klasse C und D
- Erwerb des FA-Berufs Berufskraftfahrer und Fahrzeugschlosser im Rahmen der Erwachsenenbildung
- Leistungsabhängige Grundlöhne
- Schichtstimulierung
- Zusatzurlaub für Schichtarbeit
- Jahresendprämie
- Prämien für langjährige Betriebszugehörigkeit
- Betriebseigene Ferienheime
- Freifahrt für Familienangehörige auf allen KOM-Linien des VE Verkehrskombinats Dresden

Bewerbungen richten Sie bitte an:

VEB Kraftverkehr Zittau,
Direktorat Kader und Bildung,
Friedensstraße 17,
Zittau, 8800

Die Veröffentlichung erfolgt mit Genehmigung des Rates des Kreises Zittau, Amt für Arbeit, Reg.-Nr. 23/II/89

Die Schmalspurbahn war schon abgeschrieben, und der VEB Kraftverkehr suchte Busfahrer. Aus: Sächsische Zeitung Zittau, 2.5.1989

zeugbeschaffung und Gleisunterhaltung hatten. Der Bahnhof Bertsdorf war als Gleisdreieck und die Verbindung von da nach den Orten Oybin und Jonsdorf jeweils als eingleisige Strecke geplant. Die Straßenbahn galt als Perspektivmaßnahme, und jeder Bürger der DDR wußte, daß das auf ewig verschoben bedeutete. Autobusse auf einer neu zu bauenden Straße würden es zunächst auch tun, hieß es. [24]

Die politische Wende vereitelte diese Pläne, die zudem die Zerstörung einer Kulturlandschaft bedeuteten. Am 4. November 1989 regte sich Bürgerprotest auf dem Zittauer Marktplatz (damals noch »Platz der Jugend«). Auf Transparenten stand »Die Zittauer Kleinbahn muß erhalten bleiben.« Die Regierung der DDR legte am 1. März 1990 fest, den Tagebau Olbersdorf nur noch bis 1994 zu betreiben und das Natur- und Erholungsgebiet Zittauer Gebirge nicht weiter zu beeinträchtigen. [29]

Wegen der Stillegungsabsichten unterblieben die Unterhaltungs- und Instandsetzungsarbeiten an der Schmalspurbahn. Ein Teil dieser Arbeiten wurde während einer Totalsperrung vom 17. September bis 30. November 1990 nachgeholt und 6 462 m Gleis ausgewechselt, auf 980 m der Untergrund verbessert und 400 m Stützmauern saniert. Vier Baubetriebe aus Bremen, Bautzen, Magdeburg und Dresden verarbeiteten dabei 9 650 Holzschwellen, 13 750 m Schienen, 38 600 Stück Kleineisen verschiedener Sortimente, 1 850 Paar Laschen, 950 Paar Fußklammern sowie 1 500 t Schotter. Am 1. Dezember 1990 war die Bahn wieder voll in Betrieb. [30]

Im Jahre 1990 reduzierte die Deutsche Reichsbahn die Anzahl ihrer Reichsbahndirektionen. Die Zittauer Schmalspurbahn kam nun, wie von 1920 bis 1955, zur Reichsbahndirektion Dresden, danach zur Deutschen Bahn AG, die ab 1. Januar 1994 aus der Vereinigung der Deutschen Bundesbahn und der Deutschen Reichsbahn hervorging.

6

Die Zittauer Schmalspurbahn bei der Deutschen Bahn

Zunächst änderte sich wenig. Lokomotiven und Wagen zeigten lediglich ein neues Eigentumsmerkmal. Neue Uniformen – jetzt als Unternehmensbekleidung bezeichnet – und neue Betriebsnummern für Triebfahrzeuge gab es schon ab 1. Februar 1992. Zu den wesentlichen Veränderungen, die die Deutsche Bahn der Schmalspurbahn brachte, gehörte die Einstellung des Güterverkehrs zum 31. Dezember 1994, im Grunde ein formaler Akt, denn für ihn bestand kein Bedarf mehr. Seit 28. Mai 1995 fehlt beim Bahnhof Bertsdorf die Aufsicht. Abfahrsignale erteilt der Zugführer. Er muß jetzt die Lichtzeichen am Stellwerk oder unter dem Bahnsteigdach interpretieren. Mitte 1996 kam die erste ölgefeuerte Lokomotive nach Zittau (siehe Abschnitt 10). Die an sich schon hohen Fahrpreise wurden für die Schmalspurbahn nochmals angehoben (8,40 DM pro Person). Damit wurde der Familienausflug zur Luxusreise. Signifikant ist der Neubau von Signalanlagen an vielbefahrenen Bahnübergängen, denn es galt ab 28. Mai 1995 im Beitrittsgebiet das Eisenbahnkreuzungsgesetz, das deutlichere Signal- und Sicherheitsanlagen fordert. Für die Sicherung an den Bahnübergängen mußten 1996 vier »Bahnübergangsstraßensicherungsanlagen« (Büstra) für 4,75 Millionen DM eingebaut werden, und zwar an der Brückenstraße, am Martin-Wehnert-Platz, an der Friedensstraße sowie an der Kreuzung Schramm-/Hochwaldstraße. [25]

Die DB wollte auf die Schmalspurbahn und deren Eisenbahner verzichten. Alle konnte die SOEG nicht übernehmen, keiner mußte »Privat-Eisenbahner« werden. So begannen im März 1996 die Gespräche mit den 58 Eisenbahnern, die sich im April zu entscheiden hatten, ob sie bei der DB verbleiben und damit einen Arbeitsplatz bei der normalspurigen Eisenbahn besetzen wollen oder zur SOEG überwechseln möchten. [26]

Vom 1.1.1994 bis zum 30.11.1996 stand an den Lokomotiven »Deutsche Bahn«. Sie gehörten nun zum »Betriebshof« Görlitz, dem das ehemalige Bahnbetriebswerk Zittau angeschlossen wurde. Die Reihennummer »099« war bereits bei der DR eingeführt worden (17.6.1995). Foto: R. Preuß

Fahrpreise im Jahre 1995 bei der DB (Preisbeispiele)

Strecke	Einfache Fahrt	Hin- und Rückfahrt
	2. Klasse[1] [Deutsche Mark]	2. Klasse[1] [Deutsche Mark]
Zittau–Kurort Oybin/Kurort Jonsdorf	7,00	12,00
Zittau Süd–Kurort Oybin/Kurort Jonsdorf	7,00	12,00
Zittau Vorstadt–Kurort Oybin/Kurort Jonsdorf	5,00	8,50

1 entspricht der 3. Klasse bis 1955

Die Lokomotive 099 724 in Kurort Oybin hieß bei der DR 99 735 und ab 1970 99 1735. Sie fährt mit Ölfeuerung (17.6.1995). Foto: R. Preuß

In Zittau rangiert die Lokomotive 099 724 (99 735) der Deutschen Bahn (16. 06. 1995). Foto: R. Preuß

Die alte Ansichtskarte zeigt die neue Brücke in Olbersdorf und die zweigleisige Strecke (nach 1913). Foto: Sammlung R. Preuß

40 Jahre später an der gleichen Stelle: Es gibt nur noch ein Streckengleis, und es fährt der Triebwagen VT 137 322 mit dem Beiwagen. Im Hintergrund die Lausche, mit 793 m der höchste Berg des Zittauer Gebirges. Foto: Paul

Mit Vorspannlokomotive fährt der Zug von Kurort Oybin Niederdorf nach Kurort Oybin. Losungen an Lokomotiven waren keine Seltenheit; diese wurde bei der politischen Führung aber bald unaktuell (1955). Foto: Paul

Bahnhof Bertsdorf 1955: Die Lokomotive der ehemaligen Gattung IV K fährt auf das Gleis 1 zu, auf Gleis 2 steht eine Maschine der ehemaligen Gattung VI K vor einem Personenzug nach Kurort Jonsdorf, daneben abgestellt Güterwagen und Packwagen für den Güterzug. Foto: Siebeneicher

Kohlezug mit Schiebelok von Olbersdorf Oberdorf nach Zittau bei Zittau Vorstadt (1971). Foto: R. Preuß

Der Schmalspur-Lokomotivschuppen in Zittau. Die Lokomotive 99 4532 steht auf Gleis 6 vor der Umsetzanlage (1973). Foto: R. Preuß

Der Anschluß Textilkombinat (früher Bernhard) erhält einen Kesselwagen zugeführt. Die Rangierfahrt kommt vom Bahnhof Zittau Süd und überquert vor der Hospitalkirche die Friedensstraße (1971). Foto: R. Preuß

Das Empfangsgebäude Zittau Vorstadt im Jahre 1970. Links geht es durch eine Vorhalle in den Tunnel unter die Gleise zum Bahnsteig.
Foto: R. Preuß

Die SOEG läßt die ihr gehörenden Empfangsgebäude instandsetzen. Das vom Bahnhof Zittau Vorstadt wird in den ursprünglichen Zustand versetzt (2. 6. 1997).
Foto: R. Preuß

Empfangsgebäude Olbersdorf Oberdorf (1973) mit der kleinen Bude für die Signalhebel. Das Gebäude ist der SOEG nicht übergeben worden.
Foto: R. Preuß

Holz kam zum Imprägnieren nach Olbersdorf und wurde danach wieder verschickt (1973). Foto. Paul

Blick über den Bahnhof Bertsdorf (1977). Links, etwas vom Bahnsteigdach verdeckt, das Gleis 7. Foto: R. Preuß

Der Bahnhof Bertsdorf aus der Vogelperspektive gleicht einer Modellbahnanlage. Rechts am Waldrand das Stellwerk, links der Lokomotivschuppen. Gegenüber vom Empfangsgebäude stehen die für Eisenbahner errichteten Wohnhäuser (1998). Foto: Sammlung Paul

Da auf dem Bahnhof Bertsdorf der Platz für Ausfahrsignale fehlte, behalf man sich mit Lichtzeichen, die die Zustimmung des Fahrdienstleiters anzeigten, hier mit den gesicherten Fahrstraßen F und H (1996). Foto: R. Preuß

Am Haltepunkt Teufelsmühle (1970). Im Hintergrund das Wartehäuschen, das 1993 abgerissen wurde. Foto: R. Preuß

Vom Ringweg des Berges Oybin bietet sich der Blick auf den Bahnhof Kurort Oybin (1975). Foto: R. Preuß

Der Bahnhof Kurort Oybin (1960) im Winter. Der rot-gelbe Wagen rechts steht als Reserve-Beiwagen für den Triebwagen. Nicht üblich war es, solche Wagen in die Mitte eines lokomotivbespannten Zuges einzustellen. Foto: Paul

Das Empfangsgebäude Kurort Jonsdorf Hst ist fast eingeschneit. Der Dienstraum für den Haltestellenwärter befand sich im linken Teil des Gebäudes, das übrige diente als Warteraum (1964). Foto: R. Preuß

7

Die Sächsisch-Oberlausitzer Eisenbahngesellschaft

Als das Bundesverkehrsministerium zur Kenntnis nahm, daß die Deutsche Reichsbahn Schmalspurbahnen betreibt, ordnete es an, die Investitionen für diese Strecken einzustellen und sich bis 1998 aus dem Schmalspurbetrieb zurückzuziehen (das galt nicht für die von der Deutschen Bundesbahn und heutigen Deutschen Bahn betriebenen Schmalspurbahn auf der Insel Wangerooge). Der damalige Vorsitzer der Deutschen Reichsbahn, Heinz Dürr, teilte dem Wirtschaftsminister des Freistaates Sachsen, Dr. Kajo Sommer, mit, daß die Deutsche Reichsbahn bereit sei, die Schmalspurbahnen auszugliedern. Das Landkreisamt Zittau kannte die Bedeutung der Schmalspurbahn für den Nahverkehr sowie als Attraktion für den Fremdenverkehr. Der Landtag beschloß deshalb am 21. April 1993, den Landrat zu beauftragen, mit der Deutschen Reichsbahn Verhandlungen zu führen, um die Schmalspurbahn in die regionale Trägerschaft zu übernehmen, eine Geschäftsstelle für die Vorbereitungen einzurichten, und er kündigte der inzwischen gebildeten Deutschen Bahn AG die Übernahmebereitschaft an. Im Juni 1994 lag ein Übernahmevertrag seitens der Deutschen Bahn vor, und am 15. Juni 1994 beschloß der Landtag, die Sächsisch Oberlausitzer Eisenbahngesellschaft mbH (SOEG) mit einem Stammkapital von 100 000 DM zu bilden. Sie wurde notariell am 28. Juli 1994 gegründet. Damals war der Landkreis Zittau alleiniger Gesellschafter. Die gewählte Bezeichnung deutet darauf hin, daß die Gesellschaft offen für die Übernahme weiterer Bahnen ist. Am 3. März 1995 ließ sich die SOEG in das Handelsregister von Zittau unter der Nr. 11124 eintragen, mit dem Unternehmensziel, den Schienenverkehr auf der Strecke Zittau–Oybin und Bertsdorf–Jonsdorf insbesondere im öffentlichen Personennahverkehr durchzuführen sowie für diesen Zweck Fahrzeuge und Anlagen zu erwerben und zu unterhalten. Zusätzlich wird die SOEG im touristischen und musealen Schienenverkehr mit gesondertem Rollmaterial tätig, das jedoch nicht für die Leistungen des »Schienenpersonennahverkehrs« benutzt wird.

An der SOEG beteiligen sich heute der Landkreis Zittau mit 69,9%, die Kreisstadt Zittau mit 7%, die Anrainerkommunen Olbersdorf mit 9,8%, Oybin mit 6,3%, Jonsdorf mit 6,3% und Bertsdorf-Hörnitz

Der Beauftragte der Deutschen Bahn für den Freistaat Sachsen, Hans-Jürgen Lücking (rechts) übergibt in Oybin dem Landrat, Volker Stange, die Bahn wie sie steht und liegt (30.11.94). Foto: E. Preuß

Lokomotiven der SOEG

SOEG-Nr.	DB-Nr.	Hersteller	Baujahr	Fabriknummer	Bemerkungen
99 731	099 722	SMF	1928	4678	1996 von DB AG; Z 01/1994; + 2/1996
99 735	099 724	SMF	1928	4682	1996 von DB AG; 1997 von Öl- auf Kohlefeuerung umgestellt
99 749	099 728	Schw	1929	9538	1996 von DB AG, Ölfeuerung, »z« bei SOEG
99 750	099 729	Schw	1929	9539	1996 von DB AG, Ölfeuerung, »z« bei SOEG
99 757	099 730	Schw	1933	10148	1996 von DB AG + 2/1996
99 758	099 731	Schw	1933	10149	1996 von DB AG; Rückbau auf Kohlefeuerung
99 760	099 733	Schw	1933	10151	1996 von DB AG; Ölfeuerung
99 787	099 751	LKM	1955	132028	1996 von DB AG; Ölfeuerung
99 584	99 1584	SMF	1912	3595	16.10.1997 leihweise von Döllnitzbahngesellschaft; bei Museumszügen im Einsatz
99 4532	099 760	O & K	1924	10844	1996 von DB AG, nicht betriebsfähig
35		LKM	1962	250308	Diesellokomotive vom Typ V10C; 03/1997 bis 12/97 leihweise von Döllnitzbahngesellschaft

+ ausgemustert
LKM Lokomotivbau »Karl Marx«, Babelsberg
O & K Orenstein & Koppel, Drewitz
Schw Berliner Maschinenbau-Aktien-Gesellschaft, vormals L. Schwartzkopff
z abgestellt

Fahrpreise im Jahre 1999 bei der SOEG (Preisbeispiele)

Strecke	Einfache Fahrt	Hin- und Rückfahrt	Dampflokzuschlag[1]	
	2. Klasse[2] [Mark]	2. Klasse[2] [Mark]	Einfache Fahrt [Mark]	Hin- und Rückfahrt [Mark]
Zittau–Oybin/Jonsdorf	3,90	7,50	1,50	3,00
Zittau Süd–Oybin/Jonsdorf	3,90	7,50	1,50	3,00
Zittau Vorstadt–Oybin/Jonsdorf	2,80	5,40	1,00	2,00

[1] nur für Einzelfahrkarten
[2] entspricht der 3. Klasse bis 1955

mit 0,7% (Stand: 1. Januar 1999). Es wurde noch kein Aufsichtsrat gebildet.

Die Übernahme der Schmalspurbahn scheiterte mehrmals, man war sich zunächst wegen der Beseitigung von Altlasten (beispielsweise Ölablagerungen durch Lokomotiven) nicht einig. Doch Ende 1996 war die DB dann doch bereit, ökologische und bauliche Altlasten zu beseitigen. Dazu gehört auch die Instandsetzung der Olbersdorfer Brücke. So trafen sich in Oybin am 30. November 1996 in der Gaststätte »Oybiner Hof« u. a. der Landrat Stange und der Konzernbeauftragte der DB, Lücking, sowie der technische Geschäftsführer der SOEG, Sauer, um in feierlicher Form die Privatisierung der Schmalspurbahn vorzunehmen. 9 Lokomotiven und 39 Wagen, die Strecke und wenige Gebäude gingen in den Besitz des Landkreises über, der sich verpflichtete, die Bahnstrecke für 30 Jahre vorzuhalten

Der Interessenverband der Zittauer Schmalspurbahnen e. V.

Am 6. Juli 1990 in Zittau gegründet.

Seine Ziele:
- Erforschung und Darstellung der Geschichte der Strecken Zittau–Hermsdorf, Zittau–Oybin und Bertsdorf–Jonsdorf
- Erwerb, Erhalt und Betrieb von historischen Schienenfahrzeugen und Bahnanlagen
- Entwicklung des historischen Zugbetriebes als Touristenattraktion

Die Fahrzeuge des Verbandes (1999):

sä. Dresden K 2863	ex sä. 1509 K, zweiachsiger bedeckter Güterwagen, Baujahr 1881 bis 1883; zuletzt Schuppen auf dem Bahnhof Mittelherwigsdorf (Sachs), noch aufzuarbeiten, ohne Fahrwerk
DR 970-314	ex ZOJE Nr. 20; vierachsiger Traglastenwagen, Baujahr 1900; zuletzt Mannschaftswagen in Mügeln (b Oschatz); einsatzfähig; Leihgabe der Erbengemeinschaft Allendorf
DR 970-313	ex ZOJE Nr. 21; vierachsiger Traglastenwagen, Baujahr 1900, zuletzt Gartenlaube in Berlin, noch aufzuarbeiten
DR 970-303	ex sächsischen. K 285, Personenwagen mit Oberlicht, Baujahr 1899, zuletzt eingesetzt in Lommatzsch, dann Hühnerstall, noch aufzuarbeiten
sä. Dresden K 1462	zweiachsiger Zugführerwagen, Baujahr 1886 bis 1889, zuletzt Schuppen am Bahnwärterhaus bei Breitendorf, noch aufzuarbeiten, ohne Fahrgestell
DR 97-13-37	vierachsiger gedeckter Güterwagen, Baujahr 1918, seit 1967 als Lagerraum auf dem Bahnhof Zittau, einsatzfähig
DR 97-13-72	vierachsiger gedeckter Güterwagen mit offener Endbühne, Baujahr 1934, seit 1967 als Lagerraum auf dem Bahnhof Zittau, einsatzfähig voraussichtlich 1999
DR 97-15-02	vierachsiger gedeckter Güterwagen, Baujahr 1912, seit 1967 als Lagerraum auf dem Bahnhof Zittau, einsatzfähig; 01/1999 an DBG (Austausch mit 97-10-99)
DR 97-10-99	01/1999 von DBG; Fahrzeug mit Heberleinbremse, nach Aufarbeitung für Museumszug vorgesehen
DR 97-09-33	Rollwagen, sechsachsig, mit Heberleinbremse

DBG Döllnitzbahngesellschaft

und 15 Jahre öffentlichen Schienenpersonennahverkehr zu betreiben. Die SOEG erhielt vom Landkreis den Auftrag, als Eisenbahnverkehrs- und Infrastrukturunternehmen den Zugbetrieb ab 1. Dezember 1996 zu führen. Sie senkte sofort den zuvor von der Deutschen Bahn AG drastisch angehobenen Fahrpreis. Der Landkreis will den Parallelverkehr zwischen Bus und Bahn ausschließen, die Fahrpreise im Nahverkehr einheitlich halten, Triebwagen beschaffen und mit ihnen die Fahrgeschwindigkeit von 25 km/h auf 50 km/h erhöhen. Dampflokomotiven sollen nur zu besonderen Anlässen und an Wochenenden fahren. Die Zittauer Ausgabe der Sächsischen Zeitung schrieb am 1. Dezember 1996: »Vorbei die Zeiten, als die Kleinbahn-Fahrpreise [unter »Kleinbahn« wird in Zittau die Schmalspurbahn verstanden, R. P.] selbst harte Bahnfans in Busse und Autos trieben. Ab morgen sind die Tarife in den drei Zonen weitaus freundlicher.«

Am 1. Dezember 1996 erhielten die Wagen das neue Firmenzeichen, das das der Deutschen Bahn überdecken mußte. Es entstand bei der Firma »Werbe Dienst Zittau GmbH« in Abstimmung mit der Geschäftsleitung der SOEG und soll mit dem roten Punkt ein vorwärtsweisendes Signal sowie Weichenstellungen in die Zukunft symbolisieren. Die

Fahrschein der SOEG für eine Fahrt von Zittau nach Kurort Oybin oder Kurort Jonsdorf mit dem Dampfzuschlag. Die angegebene Adresse war der erste Sitz der SOEG, bevor sie Arbeitsräume im Empfangsgebäude des Bahnhofs Zittau übernahm (20.9.1997).

SOEG überlegt, in der Zukunft ein anderes, eleganter und eindeutiger wirkendes Firmenzeichen zu verwenden.

Bereits während der Übergabeverhandlungen zur Schmalspurstrecke gab es unterschiedliche Auffassungen zwischen der Deutschen Bahn und der SOEG zum Begriff »Eisenbahn«. Nach Auffassung der DB gehören zu einer Eisenbahn nur die Gebäude, die aus Sicht der DB für den Betrieb der Eisenbahn notwendig sind. Dazu zählt das Stellwerksgebäude vom Bahnhof Bertsdorf, aber nicht das Empfangsgebäude dieses Bahnhofs. Dabei hatten die Väter der ZOJE die Empfangsgebäude von Bertsdorf und von Oybin bereits für die Eisenbahn bauen lassen, als noch nicht einmal der Schienenweg fertiggestellt war. Die DB sah die Empfangsgebäude nicht als betriebsnotwendig, nicht als nützliches Beiwerk, sondern als Spekulationsobjekt an, zumal in den Empfangsgebäuden außer Diensträumen auch Wohnungen lagen. Doch weder die Wirtschaftslage in Ostsachsen noch die Kaufkraft der hiesigen Bevölkerung ließen eine Nachfrage nach den Empfangsgebäuden erkennen. So gelang es der SOEG, die Empfangsgebäude von Zittau (Schmalspurbahnhof), Zittau Vorstadt, Zittau Süd, und Kurort Oybin doch noch zu übernehmen. Wegen des Gebäudes vom Bahnhof Kurort Jonsdorf laufen noch Verhandlungen. Die SOEG wird die Empfangsgebäude in ihren ursprünglichen Zustand versetzen, teilweise mit ABM-Kräften, ansonsten mit örtlichen Handwerkern. Das Empfangsgebäude von Zittau Vorstadt wurde 1998 in dieser Weise fertiggestellt. Vollständig instandgesetzt wurden auch der Bahnsteigzugang und das Bahnsteigdach. Noch gehört ein Teil des Bahnhofsgeländes und der Güterschuppen dem Stahlwerk Olbersdorf. Die SOEG will das ehemalige Eisenbahngelände und den Güterschuppen für eine technische Schauanlage übernehmen und herrichten. Der Bahnhof Zittau Vorstadt soll mit seinen Gebäuden, Bahnsteigen und teilweise auch Gleisanlagen so stilgerecht aufgebaut werden, wie er nach seinem Ausbau im Jahre 1913 aussah.

Die SOEG drücken die Altlasten aus Zeiten der Deutschen Reichsbahn, das betrifft nicht nur Umweltschäden, sondern auch den Fahrzeugpark und den Zustand der Hochbauten. Nicht nur der Autoverkehr beeinflußt die Bilanz der SOEG negativ, sondern auch die besonders hohe Arbeitslosigkeit in der Oberlausitz und die fehlenden Fahrgäste aus dem Hinterland. Das Währungsgefälle zur Deutschen Mark hält die Ausländer aus den beiden Nachbarländern davon ab, hier Ausflüge zu unternehmen und dafür die SOEG zu benutzen. Dennoch plant die SOEG für die Zukunft Neues: sie will Aussichtswagen in die Züge einstellen und für Höhepunkte einen Salonwagen anbieten, deren Aufbau teilweise als Arbeitsbeschaffungsmaßnahme vorgesehen ist.

Zukünftig sollen Dampflokomotiven nur bei Sonderveranstaltungen fahren. Solange noch Triebwagen fehlen, übernimmt der »Zweckverband Verkehrsverbund« die auf eine halbe Millionen Mark jährlich veranschlagten Mehrkosten des Dampflokomotivbetriebes. [27]

Am 15. April 1998 bestellte die SOEG beim Werk Bautzen der Deutschen Waggonbau AG drei Schmalspurtriebwagen, die 1999 den Erprobungsbetrieb aufnehmen. Die Triebwagen können bei einem hohem Beschleunigungs- und Bremsvermögen die Höchstgeschwindigkeit von 60 km/h fahren, so daß zwischen Zittau und Kurort Oybin eine Reisezeit von 30 Minuten erreicht wird (bisher 50 Minuten). Die Triebwagen erhalten niedrige Einstiege, eine Klimaanlage und ein geschlossenes Toilettensystem. Die Beistellung von Beiwagen sieht die SOEG nicht vor.

8

Alte und unerfüllte Pläne

Noch während des Streckenbaus nach Jonsdorf beschäftigte sich das Bahnkomitee mit der Verlängerung bis zur Landesgrenze in der Nähe des böhmischen Dorfes Lichtenwalde (Světlá), wo eine direkte Verbindung zu der auf der anderen Seite geplanten Schmalspurbahn Zwickau i. B.–Landesgrenze der Nordbahn hergestellt werden sollte. Im Projekt der Linie Jonsdorf–Landesgrenze beabsichtigte man eine Streckenführung von der Endstation 500 m an der Straße Jonsdorf–Schanzendorf entlang, dann weiter nach Westen durch das Tal am Hange des Brandberges und am Schalkstein vorbei bis zum Rabenstein (Krkavči kameny). Als Bahnlängen waren 3 180 m bei einem Höhenunterschied von 65 m und einer mittleren Neigung von 1 : 49 vorgesehen. Die Station Landesgrenze sollte 515 m über Ostseehöhe liegen.

Zumindest schon 1893 beschäftigte man sich mit einer Schmalspurbahnverbindung zwischen Jonsdorf und Großschönau, die obendrein als eine Ergänzung des eben erwähnten Streckenprojektes Jonsdorf–Zwickau i. B. galt. Fabrikanten der Orte Großschönau, Waltersdorf und Jonsdorf sahen wirtschaftliche Vorteile bei dieser Streckenführung, da ja in Jonsdorf Bleichereien und Hilfsgewerbe, in den beiden anderen Orten Webereien ansässig waren. Die neue Eisenbahn sollte auch für Arbeitskräfte ein billiges Verkehrsmittel werden, wobei bei diesen Überlegungen auch an die Arbeiter der böhmischen Dörfer gedacht wurde. Außerdem würde mit der Bahn die Kohle billiger von der Olbersdorfer Grube zu den Webereien transportiert werden können. Der Verkehr zwischen Großschönau und Jonsdorf war beträchtlich, denn die 1908 noch vorhandene »Chausseewegegeldstelle« an der Großschönauer Straße zählte im Jahr 1893 17 000 Fuhrwerke. Ebenso wurde das Argument angeführt, nun eine größere Anzahl von Touristen von Großschönau nach Jonsdorf befördern zu können. Den Eingaben an die Ständeversammlung blieb jedoch der Erfolg versagt.

Zwei weitere Projekte des Jahres 1893 kamen ebenfalls nicht zustande, nämlich die von Alexander Thiemer angeregte Industriebahn in Zittau entlang des Mandauflusses für 12 Fabriken und die Linie zum Dorf Hartau an der böhmischen Grenze. Dort wurde ein kleines Bergwerk und eine Ziegelei betrieben. Hier sollte die Bahn Transporte zwischen dem Bergwerk und fünf Anschließern ausführen. [4]

Die sich in den Nachkriegsjahren erholende Industrie drängte auf schnellere Wagenzuführung und wollte sich mit Stillstandszeiten auf dem Bahnhof Zittau nicht abfinden. So wurden immer wieder – allerdings erfolglose – Forderungen nach einer normalspurigen Verbindung zwischen Zittau und Olbersdorf laut. Mit einem großen Projekt beschäftigten sich Eisenbahn und staatliche Instanzen mehrere Jahre, es galt dem Bahnhof Zittau Schießhaus. Dieser wurde zum wichtigsten Umschlagplatz für die Wagenladungen der Betriebe, die sich im Süden der Stadt angesiedelt hatten. Das führte zu weiteren Bauplänen der Eisenbahn ähnlich denen von 1893.

- 1918 Schmalspurbahn Zittau Schießhaus–Hartau
- 1920 Normalspurgleis Zittau Schießhaus–Hartau für Kohletransporte von der Grube in Hartau zur Firma Bernhard in Zittau
- 1920 Ausbau der Strecke Zittau–Zittau Schießhaus dreischienig mit Verlegung des Streckengleises und der Station Zittau Hp auf die südliche Seite des Dammes der Reichenberger Linie
- 1922 Normalspuriger Ausbau der Strecke Zittau–Olbersdorf Oberdorf.

Keiner dieser Pläne wurde verwirklicht, da auch die Oberlausitz von der inflationären Entwicklung in den zwanziger Jahren nicht verschont blieb. Zur beantragten normalspurigen Fortsetzung des geplanten Dreischienengleises Zittau–Zittau Schießhaus bis Olbersdorf Oberdorf, für die die Fabrikanten, Rechtsanwälte und die Amtshauptmannschaft (letztere aus »landespolizeilichen Gründen«) eintraten, teilte die Eisenbahn-Generaldirektion in Dresden am

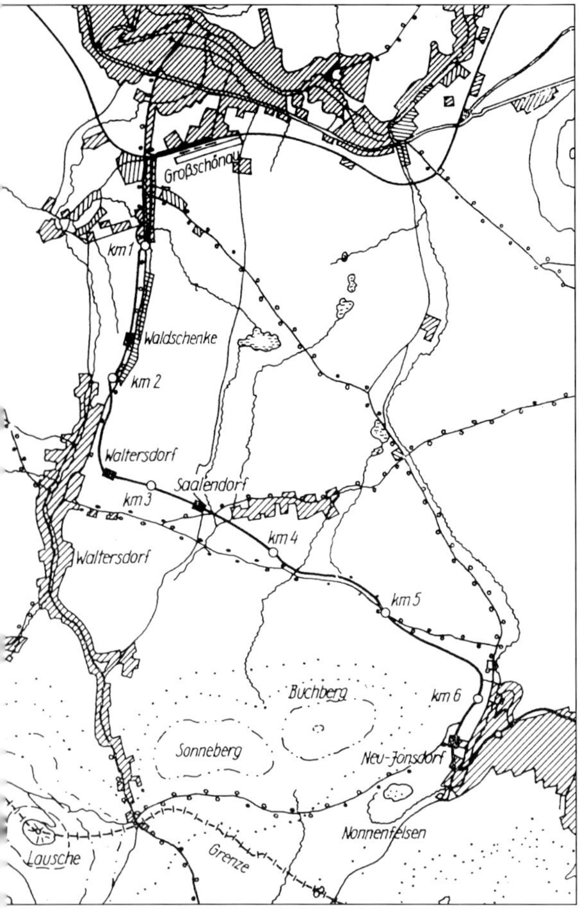

Über 6 km lang sollte die Strecke Jonsdorf–Großschönau mit den Zwischenstationen Saalendorf und Waldschenke (in Großschönau) werden. Sammlung R. Preuß

8. Juni 1922 unter anderem mit, daß die Normalspurbahn zwischen Zittau Schießhaus und Olbersdorf Oberdorf unverhältnismäßig hohe Kosten verursachen würde, was sich in Anbetracht der ungünstigen Finanzlage keinesfalls rechtfertigen lasse. Zudem stehe aus gleichem Grund der dreischienige Ausbau des Bahnhofs Zittau Schießhaus zu einer Spurwechselstation für den Güterverkehr mit größeren Ortsgüteranlagen nicht fest.

Das hohe Aufkommen an Güterwagen begründete den Ausbau. Der starke Güterverkehr in Richtung Schmalspurbahnen führte auf dem beengten Normalspurbahnhof Zittau zu Stauungen, die Aufbockleistungen ließen sich nicht erhöhen. Zusätzliche Rollböcke konnten nicht beschafft werden, da sie bis auf zwei Ausnahmen auf den übrigen sächsischen Strecken ausgemustert waren. Die Rollwagenverladung war noch nicht in Betrieb. So mußten zum Umladen der Wagenladungen immer wieder Aushilfskräfte eingesetzt werden. Durch die Verlagerung der Umsetzleistungen nach Zittau Schießhaus versprach man sich eine positive Veränderung. Was für diesen Bahnhof vorgesehen war, ist im Abschnitt 9 erläutert.

Als neues Projekt wurde 1936 die Verlegung des Schmalspurgleises zwischen Zittau und Zittau Schießhaus aufgelegt. Das Streckengleis sollte zunächst in Höhe der normalspurigen Reichenberger Strecke, jedoch auf südlicher Seite verlaufen. Damit wäre die Gleiskreuzung innerhalb des Bahnhof Zittau beseitigt worden. In Nähe der Abzweigstelle Neißebrücke sollte das Gleis die Höhe verlassen. Am Ende der Kurve lag nach dem Plan die Weiche für die Strecke nach Hermsdorf i. B. Die Züge in diese Richtung wären demnach in Zittau Schießhaus abgefahren. Das Projekt sollte als Arbeitsbeschaffungsmaßnahme ausgeführt werden, aber 1937 wurden andere Arbeiten wichtiger. [31]

Als es um die Erweiterung des Olbersdorfer Braunkohlentagebaus ging, wurde 1977 nicht nur über das Ende der Schmalspurbahn nachgedacht. Bei der Reichsbahndirektion Cottbus gab es auch die Idee, die Strecke von Zittau Süd über Eichgraben nach Kurort Oybin zu führen. Das Gleis sollte unterhalb des Heidebergs und Töpfers verlaufen und bei Teufelsmühle an die bestehende Strecke herangeführt werden. Der Gedanke war nicht so abwegig, weil das berührte Gelände für die Streckenverlegung topographisch günstig gewesen wäre. In der DDR waren Baukapazitäten knapp, es wurde ruhig um diesen Plan.

1995 entstand beim Landratsamt die Idee, die Landesgartenschau an die Schmalspurbahn anzuschließen und diese als Parkbahn zu betreiben. Zwischen Zittau Vorstadt und einer neuen Station am Ende des Parks entlang der Mandau Pendelzüge zu fahren, war eine Variante, eine andere sah einen Rundkurs von Olbersdorf Oberdorf in westlicher Richtung zur Gartenschau und von dieser nach Zittau Vorstadt vor. Aber auch dieses Vorhaben verlief im Sande. [28]

9

Die Strecke und die Betriebsstellen

Die Konzessionsbedingungen vom 28 März 1889 forderten für die Strecke einige Mindestmaße. Als Profil galt das der sächsische Schmalspurbahnen für den Rollbockverkehr (§ 7), obwohl die ZOJE Rollböcke nicht im Bestand hatte. Für Neigungen und Krümmungen bedurfte es einer speziellen Genehmigung der Regierung. Die Maße wichen deshalb von denen der staatlichen Schmalspurbahnen nicht ab (Tabelle S. 65). Einerseits war entgegen ursprünglicher Absicht der Gesellschaft die Einmündung der Bahn in den Staatsbahnhof Zittau vorzusehen, anderseits ist ihr die Mitbenutzung der vorhandenen Schmalspuranlagen gestattet worden (§ 9). Ein Betriebsvertrag regelte die Mitbenutzung des Bahnhofs Zittau und der Strecke bis Zittau Haltepunkt. Gehörte die Bahn schon nicht dem Staate, so oblag wenigstens die Betriebsführung der Staatseisenbahnverwaltung (§ 11).

Der § 11 bestimmte, daß zwischen Zittau und Oybin sowie Jonsdorf Eisenbahner der Staatseisenbahnen nach deren Gepflogenheiten tätig wurden. Diese sahen für eine Schmalspurbahn einen »Bahnverwalter« vor, der die »gesamte Exekutive mit eigener Vertretung wahrzunehmen« hatte [32] Dazu gehörten der Beförderungs- und Stationsdienst, also die Leitung über das Lokomotiv-, Fahr- und Bahnbewachungspersonal sowie über die Bahnunterhaltung. Die Bahnverwalter unterstanden unmittelbar der Generaldirektion, vom 1. August 1892 an den oberen Dienststellen der Hauptbahn.

Bei der ZOJE war als Bahnverwalter Wilhelm Pfennigwerth eingesetzt worden, der seinen Sitz im Empfangsgebäude des Bahnhofs Bertsdorf nahm. Von 1896 bis 1899 hatte der Bahnverwalter sein Dienstzimmer in Zittau, Gubenstr. 3, dann im Gebäude des Bahnpostamtes Zittau. Vom 1. Oktober 1912 an, als das Empfangsgebäude des Bahnhofs Zittau Vorstadt fertiggestellt war, wurde die Bahnverwaltung dorthin verlegt. Von 1920 an war die Bahnverwalterei für beide von Zittau ausgehenden Schmalspurbahnen zuständig. 1912 wechselte Pfennigwerth zur Schmalspurbahn nach Mügeln b. Oschatz. Sein Nachfolger wurde Robert Schulze. Er erlebte die größten Baumaßnahmen für Erweiterungen und Umbauten. Nach seiner Pensionierung im Jahre 1923 trat Hugo Ackermann an. [4] Am 1. Februar 1929 wurde die Bahnverwalterei aufgelöst, die Bahnhöfe erhielten Bahnhofsleiter (Vorsteher). Kleine Bahnhöfe wurden größeren zugeordnet. Bahnhofsleiter gab es bis 1959 in Oybin (mit Oybin Niederdorf) bis 1959 in Bertsdorf (mit Jonsdorf und Olbersdorf Oberdorf) und bis 1960 in Zittau Vorstadt mit Olbersdorf Niederdorf und Zittau Süd. Der Haltepunkt Zittau gehörte zum Bahnhof Zittau. Vorsteher waren 1955 auf dem Bahnhof Kurort Oy-

Bahnverwalter Wilhelm Pfennigwerth mit seiner Ehefrau im Jahr 1916. Foto: Sammlung R. Preuß

bin (Rangklasse III b) Friedrich Richter und auf den Bahnhöfen Bertsdorf und Zittau Vorstadt (Rangklasse III a) Edmund Siebeneicher und Kurt Uhlig. Vom 1. Mai 1960 an leitete der Bahnhof Zittau die gesamte Schmalspurbahn, was den Betriebs- und Verkehrsdienst betraf. Der Einsatz der Lokomotiven und der zugehörigen Personale war Sache des Bahnbetriebswerkes Zittau.

In Zittau Vorstadt wurde für beide Schmalspurbahnen eine Bahnmeisterei etabliert, die nach dem Zweiten Weltkrieg aufgelöst wurde. Damit war die Zittauer Bahnmeisterei für die Strecke nach Kurort Oybin und Kurort Jonsdorf zuständig.

Mit der Einführung des Rollbock- und Rollwagenverkehrs und mit dem Einsatz neuer Lokomotivbaureihen mußten mehrmals die Strecken- und Bahnhofsgleise erneuert werden, da die Achslasten größer wurden.

Obwohl sich die Gesellschaft der ZOJE Gewinne aus dem Güterverkehr versprochen und mit »Zweiggleisen« zu den Fabriken geworben hatte, blieb es - abgesehen von einem Gleis bei Teufelsmühle bis 1892 - lange Zeit bei zwei Anschlußgleisen, und zwar am Neißeviadukt für die Firma Werner & Co. (Dachbelege) und für das Imprägnierwerk in Olbersdorf. Güter wurden auf den Bahnhöfen/Haltestellen be- und entladen. Erst Jahrzehnte später leisteten sich weitere Firmen Anschlußgleise, die immer vom Bahnhof ausgingen. Somit mußte bei der Bedienung der Anschlußgleise das Streckengleis nicht gesperrt werdn. Bei der Bedienung von Gleisen auf freier Strecke (Streckenanschluß und Haltestellen) fuhren die Züge als Sperrfahrten, d. h. der Streckenabschnitt wurde vom Fahrdienstleiter bis zur Rückkehr der Sperrfahrt gesperrt. Der Zugführer erhielt einen »Streckenschlüssel«, mit dem in einer Folgeabhängigkeit Gleissperren und Weichen aufgeschlossen werden konnten. Der eingeschobene Streckenschlüssel wurde an der Streckenweiche erst dann wieder frei, wenn die Sperren und Weichen in der Grundstellung lagen und verschlossen waren. Beim Eintreffen auf dem Bahnhof zeigte der Zugführer dem Fahrdienstleiter deutlich den Streckenschlüssel vor. Er war der Beweis, daß auf der freien Strecken keine Weiche falsch stand. Erst nach Ankunft der Sperrfahrt mit dem Streckenschlüssel wurde das Streckengleis freigegeben und die nächste Zugfahrt auf dem Streckenabschnitt zugelassen.

1906 änderten sich bei der sächsischen Eisenbahn die Bezeichnungen für die Betriebsstellen. Bisher galt der Begriff Bahnhof für eine große Betriebsstelle mit Zugkreuzungen und -überholungen, mit Haltestelle wurden kleine Bahnhöfe untergeordneter Bedeutung bezeichnet. Nach 1906 waren Haltepunkte, die gleichzeitig die Funktion als Abzweig- oder Anschlußstelle besaßen, mit Haltestelle zu bezeichnen, wenn deren Anlage dem öffentlichen Verkehr diente. So wurde das, was bisher als Haltestelle galt, begrifflich zum Bahnhof.

Der Zugverkehr

Schon die »Bahnordnung für deutsche Eisenbahnen untergeordneter Bedeutung« vom Jahre 1878 schrieb vor, daß bei einer Fahrgeschwindigkeit von mehr als 15 Kilometer in der Stunde der Zug einem anderen in derselben Richtung abgelassenen Zug nur im Stationsabstand folgen darf. [33] Schließlich kam es auch bei niedrigen Geschwindigkeiten zu schlimmen Unfällen – siehe am 7. August 1904. Die Bahngesellschaften erfüllten die Vorschrift des Reiches mit unterschiedlichen organisatorischen und technischen Mitteln. Die DR unterteilte mit Hauptsignalen die Strecken in Zugfolgeabschnitte und sah für die Verständigung der Fahrdienstleiter zwischen zwei Bahnhöfen das Zugmeldeverfahren vor. Das galt auch für die Schmalspurbahnen, soweit bei ihnen nicht der »vereinfachte Nebenbahndienst« eingeführt wurde, bei der Zittauer Schmalspurbahn erstmals im Jahre 1962.

Beim vereinfachten Nebenbahndienst wird auch im Raumabstand gefahren. Anstelle der Einfahrsignale stehen Trapeztafeln. Die Strecke ist in Zugleitstrecken eingeteilt, den Zugverkehr leitet der Zugleiter über mehrere Abschnitte. Er ist Streckenfahrdienstleiter. Dementsprechend wurden nacheinander Kurort Jonsdorf– Bertsdorf (30.9.1962), Kurort Oybin–Bertsdorf (1.6.1970), Bertsdorf–Zittau Vorstadt (1.6.1974) und Zittau Vorstadt–Einfahrsignal F des Bahnhofs Zittau Süd (31.5.1981) zu Zugleitstrecken. Der Zugleiter hat seinen Platz auf dem Stellwerk in Bertsdorf. Abweichungen vom Fahrplan werden über Telefon mit Befehl N dem Zugführer zugesprochen. Er gibt an der Stelle, an der es der Fahrplan vorschreibt, die Zuglaufmeldung telefonisch an den Zugleiter in Bertsdorf. So läßt sich der Zugbetrieb etwas umständlich, aber auch sicher und flexibel regeln. Bei Zugkreuzungen schreibt der Fahrplan

Streckendaten zur Schmalspurbahn Zittau-Oybin/Jonsdorf (1909)

		Zittau–Oybin	Bertsdorf–Jonsdorf
Buchstabenbezeichnung		ZO	BJ
Spurweite	(mm)	750	750
Länge	(km)	10,57	3,84
Anfangspunkt über NN	(m)	234,92	336,25
Endpunkt über NN	(m)	389,27	450,23
Strecke ohne Neigung	(km)	2,90	0,39
	(%)	27,44	10,16
Strecke mit Neigung	(km)	7,67	72,56
	(%)	72,56	89,84
Stärkste Neigung	1 :	30[1]	30
zusammenhängende größte Länge auf	(m)	1555	1961
Gerade Strecke	(km)	6,46	2,13
	(%)	61,12	55,47
Bahnkrümmung	(km)	4,11	1,71
	(%)	38,88	44,53
Kleinster Halbmesser	(m)	90	100

[1] Olbersdorf Oberdorf–Bertsdorf zeitweise 1 : 26,5

vor, welcher Zug als erster in einen Bahnhof einfahren darf und welcher an der Trapeztafel halten muß bis von der Lokomotivpfeife das Signal K (lang – kurz – lang) zu hören ist.

Als Streckengeschwindigkeit sind 25 km/h festgelegt, obwohl die Lokomotiven als maximale Geschwindigkeit 30 km/h fahren dürfen. Die 1938 eingesetzten Triebwagen fuhren eine höhere Geschwindigkeit (siehe Abschnitt 10), auch für neue Triebwagen sieht die SOEG größere Geschwindigkeiten als 25 km/h vor. Sie wird die Strecke entsprechend anpassen (Krümmungen). Die Einschaltzeiten der Büstra berücksichtigen bereits höhere Geschwindigkeiten.

Betriebslänge

Den Verlauf der Bahnlinie nach »Stationen« aufzuteilen, war Sache der speziellen technischen Vorarbeiten. Die Stationen (Stat. oder St.) waren gedachte Punkte im Abstand von 100 m. Zusätzlich erhielten die sächsischen Strecken noch einen Kurznamen, Zittau–Oybin »ZO« und die Zweiglinie Bertsdorf–Jonsdorf »BJ«. Mit diesen Bezeichnungen und der Station konnte eindeutig und genau die Lage eines Streckenpunktes angegeben werden. Zu einem wichtigen Merkmal einer Eisenbahn gehört neben der Spurweite die Betriebslänge. Sie ist die Länge der von einer Eisenbahn betriebenen Bahnstrecke ohne Berücksichtigung der auf dieser Strecke ausgelegten Gleisanzahl [34]. Zur Bahnstrecke gehört auch die Länge der durch die Bahnhöfe hindurchführenden Gleise. Im Laufe der Geschichte gab es für die ZOJE Abweichungen. Die Statistik [14] weist im Jahre 1890 als Betriebslänge für die ZOJE 14,45 km aus. Dabei beginnt die Rechnung an der Abzweigstelle Neißebrücke (Stat. 16 + 47,2 = km 1,6472). Mit der Verlegung des Gleises nach der Mandauregulierung im Jahre 1897 wurde die Betriebslänge um - 0,04 km korrigiert und 1913 mit der neuen Gleisführung durch Olbersdorf nach Bau der Olbersdorfer Talbrücke um + 0,01 km. Es galten

1912: für Zittau–Oybin 10,57 km (beginnend an der Abzweigstelle Neißebrücke), und Bertsdorf–Jonsdorf 3,84 km

1913: 10,58 km (davon 7,86 km zweigleisig) + 3,84 km

1914: 10,58 km + 3,83 km.

Die Korrektur bei Bertsdorf–Jonsdorf ist auf eine neue Längenfestlegung nach der Erbauung eines neuen Empfangsgebäudes auf dem Endbahnhof Jonsdorf zurückzuführen. Die Mitte des Empfangsgebäude galt seit einiger Zeit als maßgebender

Punkt für die Kilometrierung des Bahnhofs. In Zittau beginnt die Schmalspurbahn offiziell vor dem Eingang des großen Empfangsgebäudes bei km 0,03, und die Zittauer Schmalspurbahn hat gegenwärtig eine Betriebslänge von insgesamt 16,09 km (Tabelle S 65).

Die Eisenbahner

In den besten Zeiten des Personen- und Güterverkehrs waren an der Schmalspurstrecke Zittau–Kurort Oybin/Kurort Jonsdorf etwa 60 Eisenbahner beschäftigt. Dazu zählen die Zugbegleiter für die Güterzüge, nicht die der Personenzüge, da diese vom Fahrmeister in Zittau sowohl für die Normal- als auch für die Schmalspurzüge eingesetzt wurden. Zu einer Mannschaft gehörten anfangs drei Eisenbahner: Zugführer, Zugschaffner, Rangierschaffner. Weil es an Arbeitskräften fehlte, fuhren sie später nur noch zu zweit. Nicht gezählt wurden die Eisenbahner der Bahnmeisterei, der Werkstatt im Bahnbetriebswerk, der Starkstrommeisterei, der Signal- und Fernmeldemeisterei usw., die nicht ausschließlich an der Schmalspurstrecke tätig waren. Am Beispiel des Bahnhofs Kurort Oybin (Rangklasse III b) soll ein Arbeitstag des Jahres 1955 geschildert werden: Der Berufsverkehr setzt schon 4.15 Uhr ein, vom Bahnhof Bertsdorf kommt der erste Zug, der über Nacht dort gestanden hat. Rangierleiter Liebscher beginnt den Dienst bereits um 4.00 Uhr und trifft Vorbereitungen für den Zug, ebenso Fahrdienstleiter Göttlich, der in der 1. Etage des Empfangsgebäude wohnt. Liebscher trägt das rote Mützenband des Rangierleiters, ist jedoch, da diese Tätigkeit nicht über die Hälfte des Tages ausgeübt wird, nur als Bahnhofsarbeiter in der untersten Gehaltsgruppe eingestellt. Als sein Ablöser kommt mittags Rangierleiter Klausch. Alle Eisenbahner des Bahnhofs sind vielseitig tätig. Liebscher setzt die Lokomotive um, bedient den Wasserkran, stellt die Weichen, kehrt Bahnsteig und Bahnhofshalle, nimmt Gepäck an, bringt es an den Gepäckwagen und sorgt sich um die Blumen, die den Bahnhof zieren. Manchmal ist auch Stückgut am Güterboden anzunehmen und zu verladen. Vor der Zugabfahrt besetzt er noch die Bahnsteigsperre, hier prüft er und locht mit einer Schaffnerzange die Fahrkarten der dem Zug zustrebenden Reisenden. Der Fahrdienstleiter Göttlich kennt sämtliche Tarife, denn die Fahrkartenausgabe mit ihrem Doppelschrank voller bunter Edmonsonscher Fahrkarten ist nur in der Saison mit dem Fahrkartenverkäufer besetzt. Sonst verkauft der Fahrdienstleiter die Fahrkarten. Er verbucht auch die Wagenladungen, meist ist es Kohle für den Händler Wohnig. Der zweite Mann für den Spätdienst, Fahrdienstleiter Lange, kennt den Bahnhof schon lange und kümmert sich, wenn die betrieblichen Handlungen für die Zugfahrten erledigt sind, um die zahlreichen dienstlichen und tariflichen Vordrucke, beschriftet Orientierungstafeln in der Halle und führte das Stundenheft für alle Eisenbahner des Bahnhofs. Im Hinterzimmer sitzt mit Blick auf den Vorplatz Dienstvorsteher Richter, der den Dienst auf dem Bahnhof und auf der Haltestelle Kurort Oybin Niederdorf einteilt, die Kassenbücher führt und sich um die Ordnung auf dem Bahnhof und dem Haltepunkt Teufelsmühle sorgt. Er übernimmt bei Krankheit und Urlaub der Fahrdienstleiter deren Dienst. Wenn der Ferienverkehr einsetzt, kommt tagsüber Frau Lange an den Fahrkartenschalter. Die Auskünfte über Rückreisen und die Anzahl der verkauften Fahrkarten sind beträchtlich, auch wenn die meisten Urlauber schon mit der ermäßigten Ferienrückfahrkarte anreisen. Bei Ausflugswetter hilft der Fahrdienstleiter aus und öffnet den zweiten Schalter. Seine primäre Aufgabe sind jedoch die Zugmeldungen sowie die Sicherheit der Zugfahrt bei Ein- und Ausfahrten. Er bedient das kleine Kurbelwerk, das in einem Häuschen vor dem Dienstgebäude untergebracht ist. Gegen Mitternacht fährt der letzte Zug nach Zittau Vorstadt. Ihn benutzen meist die Tanzlustigen, denn in der verstaatlichten Gaststätte »Völkerfreundschaft« (früher Byhans Kretscham) gibt es, auch wenn das Leben ansonsten bescheiden verläuft, oft Ballabende.

Die Betriebsstellen

Zittau

Das heutige Aussehen des Schmalspurbahnhofs entstand, von kleinen Änderungen abgesehen, in den Jahren 1907 bis 1909. Bis dahin waren die ursprünglich nur für die Markersdorfer Schmalspurbahn gebauten Anlagen recht bescheiden. Die Betriebsmittelüberladerampe befand sich dort, wo später die Rollbockgruben lagen. In das halbkreisförmige Heizhaus für Normalspurlokomotiven führte ein schmalspuriges Gleis, vorbei am Garten des Heizhausvorstandes. Innerhalb der Ladefläche des Eilgüterbodens lag ein Gleis, von dem zwischen

Lagepläne zu den Betriebsstellen.
Zeichnungen: Klaus Pöhler

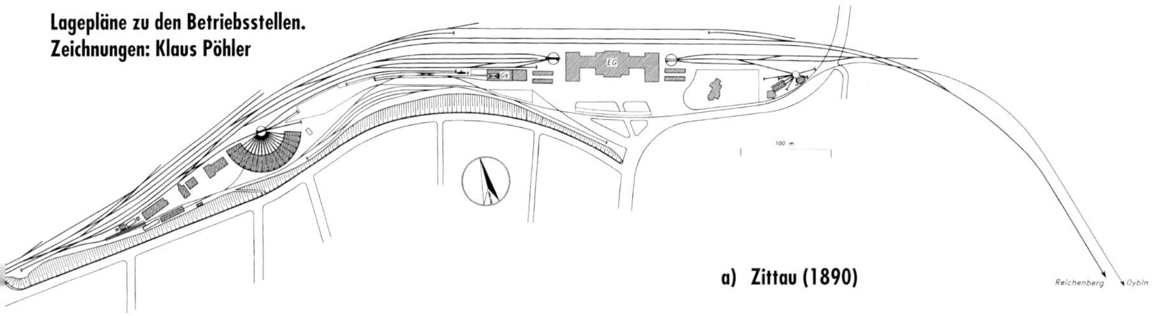

a) Zittau (1890)

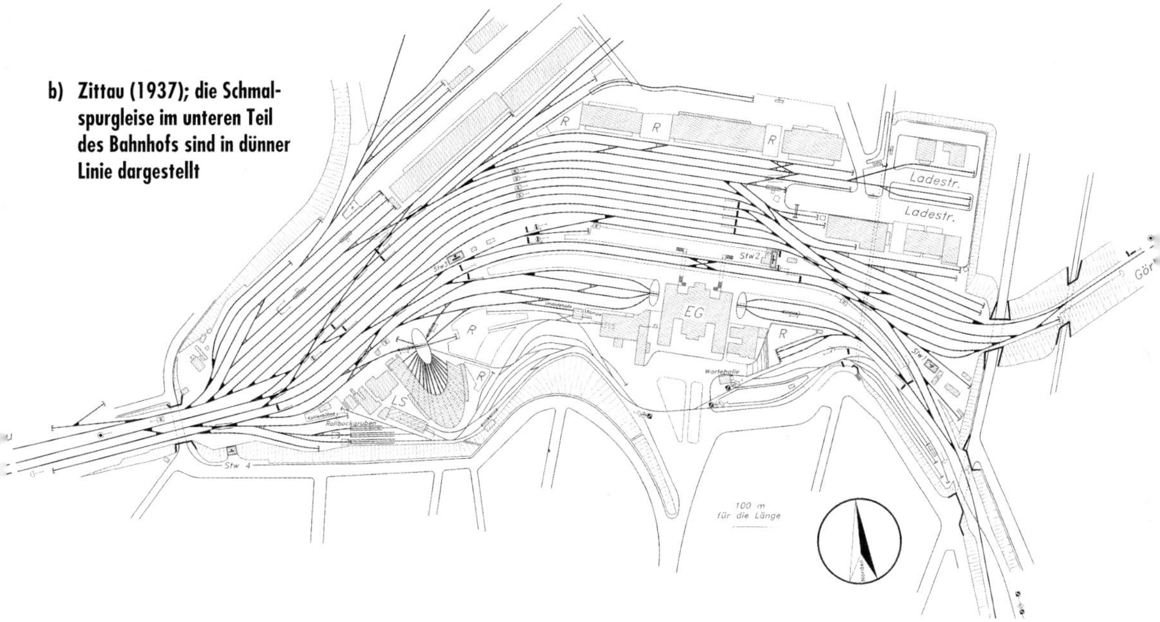

b) Zittau (1937); die Schmalspurgleise im unteren Teil des Bahnhofs sind in dünner Linie dargestellt

Normalspur- und Schmalspurgüterwagen umgeladen wurde, ebenso vom benachbarten Umladegleis. Der heute noch vorhandene Güterboden hieß später nach dem größeren Ort der Markersdorfer Schmalspurbahn »Reichenauer Boden«. Abfahrstelle für die Personenzüge war der Bahnhofsvorplatz, wo ein Wartehäuschen stand. Ein Abstellgleis lag - durch einen Zaun geschützt - am Rande des Bahnhofsvorplatzes zur Eisenbahnstraße hin.

In den Umbaujahren 1907 bis 1909 wurden die Gleisanlagen erweitert. Das auf einer Höhe stehende Restaurant »Zur Burg« wurde abgetragen, das Gelände eingeebnet, so daß man Fläche für seitlich vom Bahnhofsvorplatz anzulegende Gleisanlagen gewann. Hier wurden ein Empfangsgebäude mit Dienst- und Warteraum sowie Fahrkartenschaltern (1912), Bahnsteige (Gleis 1 und 2) und östlich, wo früher der preußische Lokomotivschuppen für die Görlitzer Strecke stand, vier Abstellgleise (Gleise 23 bis 26) gebaut. Das Gleis 21 eignete sich für lange Züge, z. B. Züge mit Zusatzwagen an Sonntagen.

Betriebsmittel konnten nun über die Gleise, die über die Viehrampe verliefen, ausgetauscht werden. Die Schmalspurbahn erhielt 1911 einen Lokomotivschuppen, in seiner Nähe lag die erste Rollbockgrube. Für die Lokomotiven nach Oybin und Jonsdorf wurde hauptsächlich der Lokomotivschup-

c) Zittau Süd (1965)

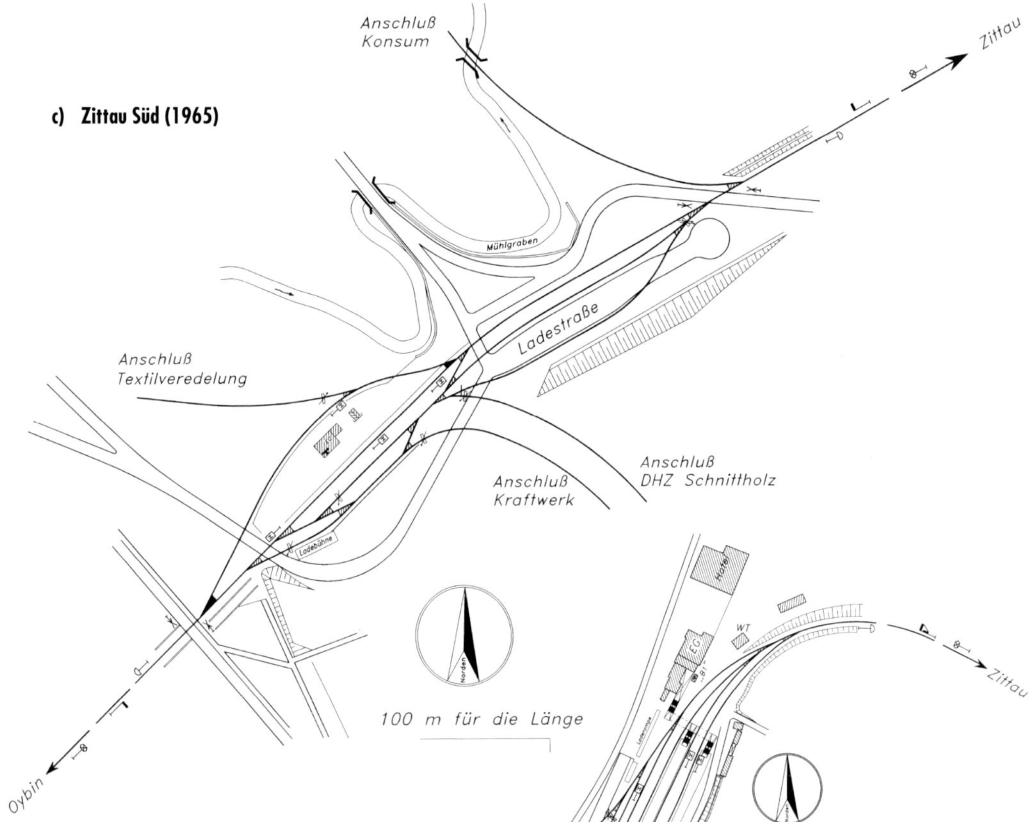

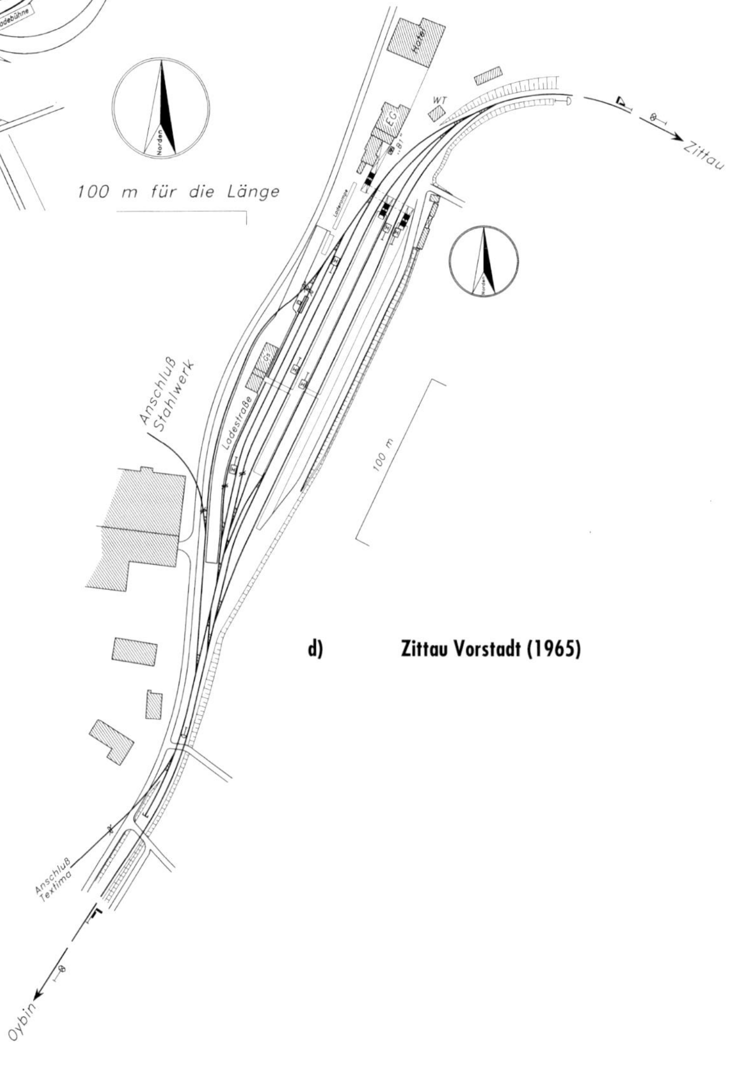

d) Zittau Vorstadt (1965)

e) Olbersdorf Niederdorf (1965)

f) Olbersdorf Oberdorf (1965)

g) Bertsdorf (1957)

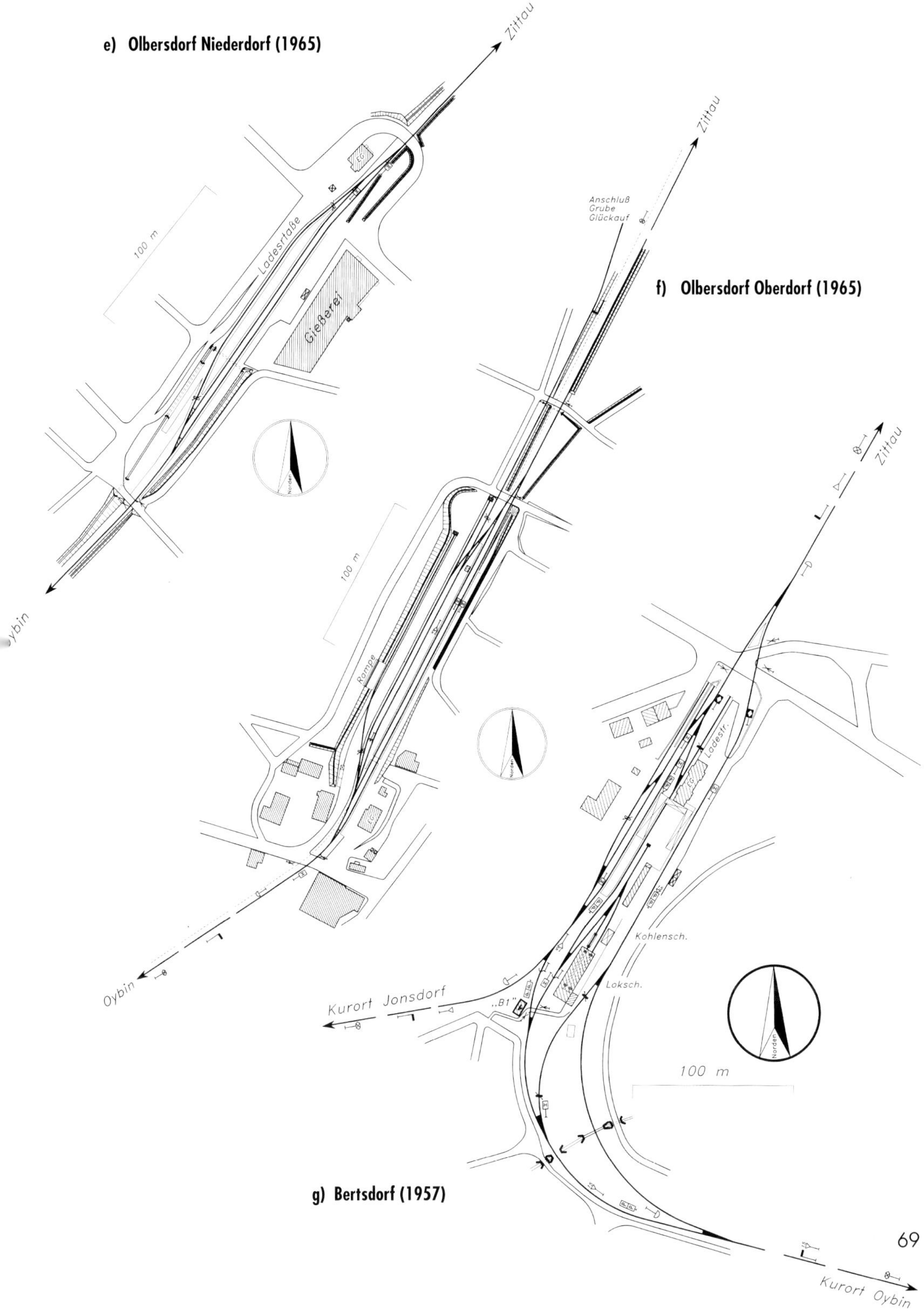

h) Kurort Oybin Niederdorf (1965)

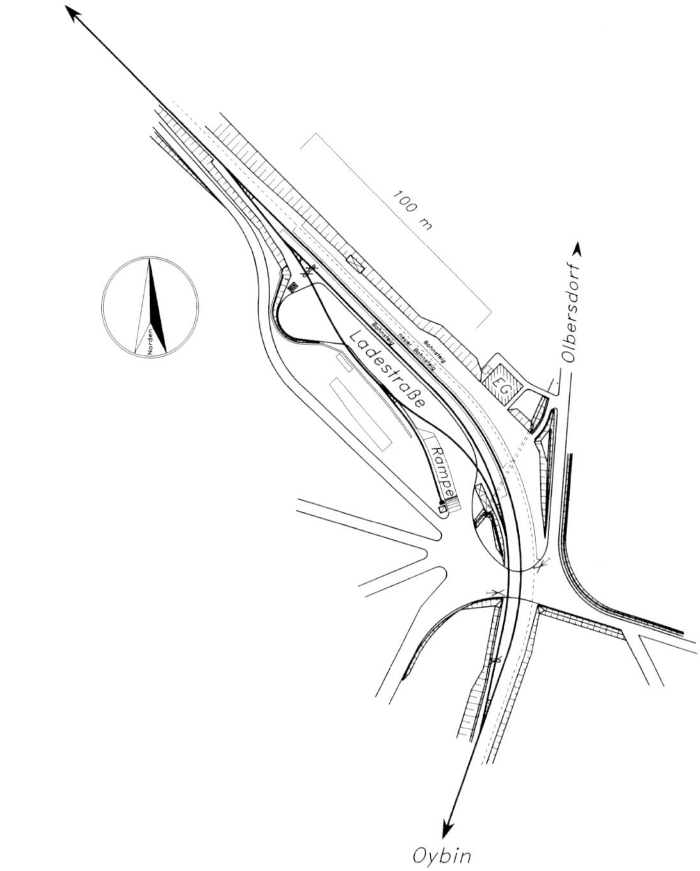

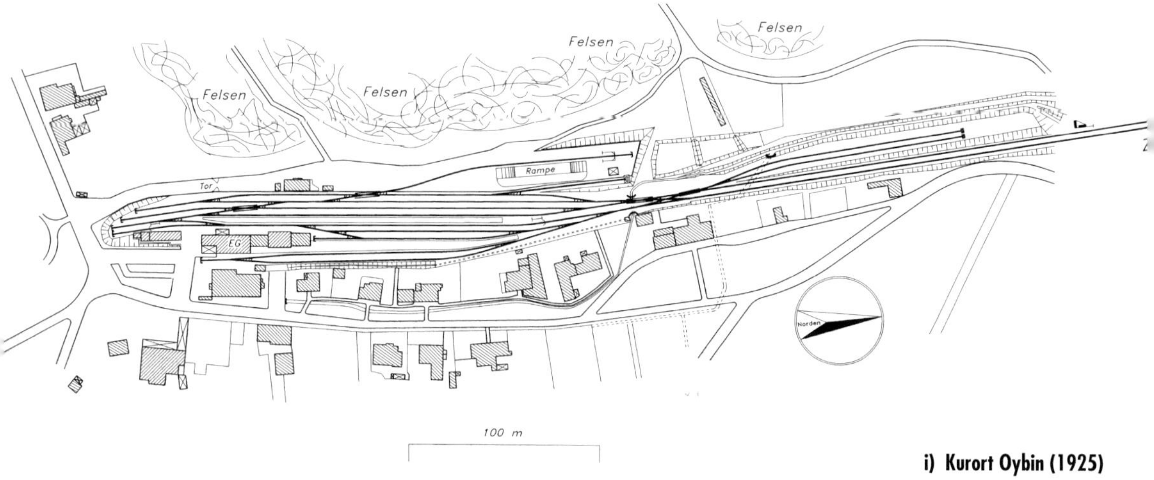

i) Kurort Oybin (1925)

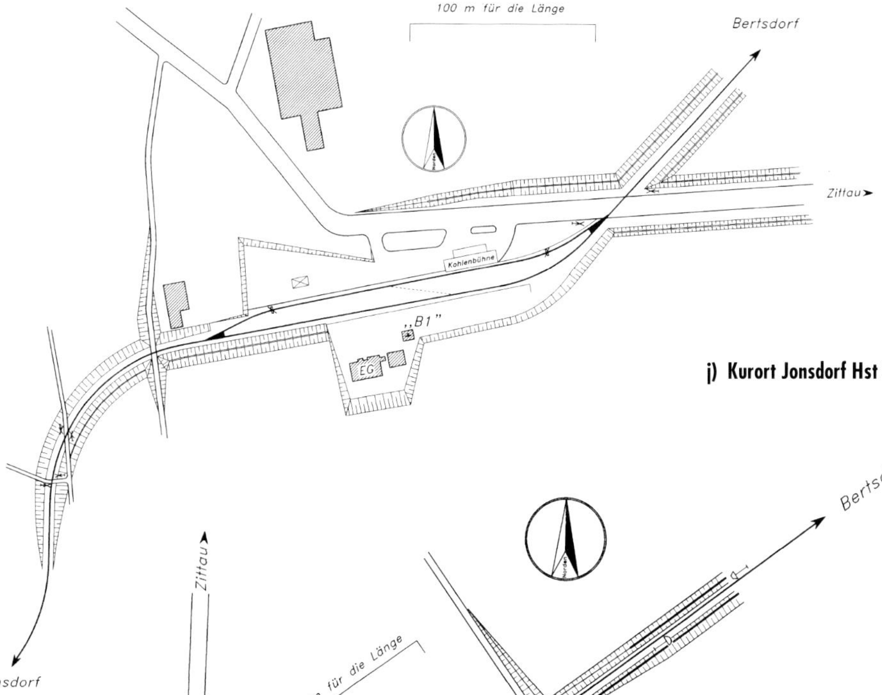

j) Kurort Jonsdorf Hst (1965)

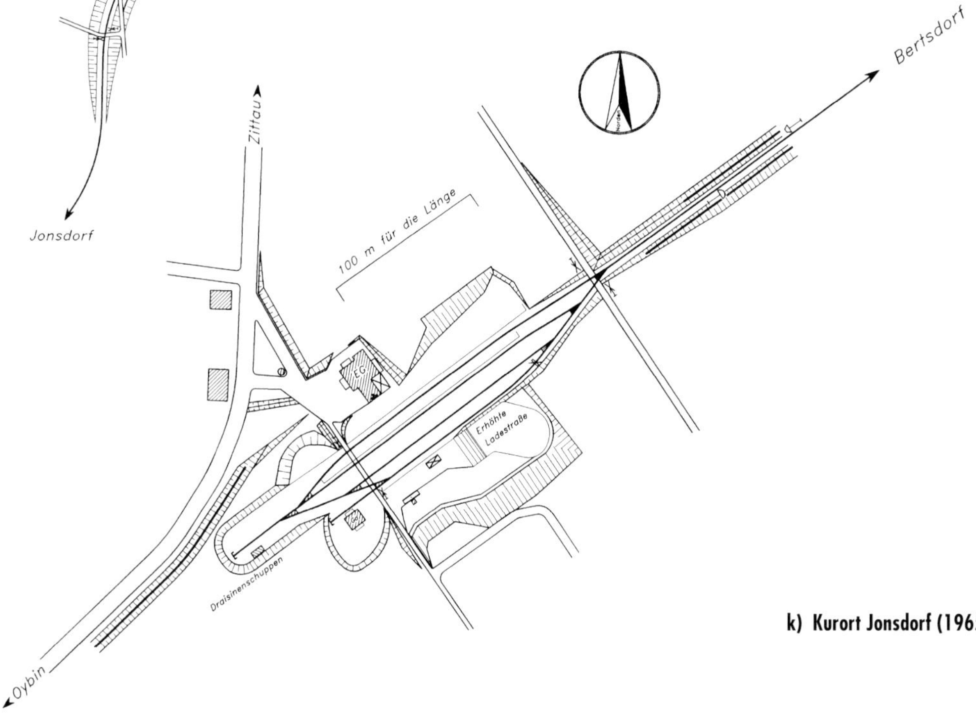

k) Kurort Jonsdorf (1965)

pen in Bertsdorf benutzt. Die Bekohlung war in Zittau am Gleis 9 möglich. Zwischen Viehrampe und normalspurigem Lokomotivschuppen führte – als Zittau Triebwagen erhielt – das Gleis 13 auf die Drehscheibe, die Triebwagen konnten über die dreischienige Drehscheibe in die Werkstatt fahren, die im Lokomotivschuppen untergebracht war.

Nach dem Abbau der Rollbockgruben besaß Zittau zwei Anlagen für die Rollwagen: an Gleis 67/6 mit einer schmalspurigen Länge von 80 m und am Gleis 69/9 mit einer schmalspurigen Länge von 45 m.

Am Dienstraum der Aufsicht wurden 1925 für Weichenriegel (Weichen 33 und 35) und das auf

So sah es um 1905 auf dem Bahnhofsvorplatz in Zittau aus. Vor dem Empfangsgebäude stand das Wartehäuschen für die Schmalspurzüge. Eben fährt ein gemischter Zug ab mit Personenwagen (rechts) und Normalspurwagen auf Rollböcken sowie einem Schmalspurwagen. Im Vordergrund das eingezäunte Abstellgleis. Foto: Sammlung Sameiske

Teil der Westseite des Schmalspurbahnhofs Zittau. Rechts, wo der Wagenzug steht, war früher die Umladung am Reichenauer Boden (1997). Foto: Scheffler

Ein Güterzug steht im Bahnhof Zittau bereit (1976).
Foto: R. Preuß

Dieses kleine Empfangsgebäude war 1912 für die Schmalspurzüge fertig (1969). Im Vorderteil befand sich der Zugang zu den Fahrkartenschaltern und ein mit hohen Fenstern ausgestatteter Warteraum. Die SOEG will den Zugang wieder freimachen.
Foto: R. Preuß

Zittau Hp an der Görlitzer Straße (1965). Auf dem Damm fährt der Triebwagen von Liberec (Reichenberg) über Zittau nach Varnsdorf.
Foto: R. Preuß

dem Vorplatz stehende Gleissperrsignal eine Hebelbank mit Schlüssel und 1943 ein Blockwerk mit Zustimmungsfeldern aufgestellt, das über den Schlüssel mechanisch mit der Hebelbank verbunden war. Die Hauptsignale für die Gleise 1 und 2 sowie 21, die einzigen Ausfahrsignale der Schmalspurstrecke, stellt das Stellwerk W 1.

Der Warteraum wurde in den sechziger Jahren für die Öffentlichkeit geschlossen, und die Zugangstüren an der Straßenfront sind zugebaut worden. Die SOEG hat vor, das Gebäude in den ursprünglichen Zustand zurückzuversetzen.

Zittau Haltepunkt

Der Haltepunkt an der Straße nach Görlitz (heute Bundesstraße 99) war Betriebsstelle der K. Sächs. Sts. E. B. für die Schmalspurbahn Zittau–Markersdorf und wurde von der ZOJE nur mitbenutzt. 1898 erhielt der Haltepunkt einen Übergangswärter, der bei Zugfahrten die Straße mit der Flagge absperrte, sonst Fahrkarten verkaufte und Expreßgut annahm. Eine Eisenbahnbrücke für die Strecke Zittau–Reichenberg schränkte die Sicht der Straßenbenutzer auf die Schmalspurstrecke stark ein. Für jede Fahrtrichtung der Züge standen vor der Straße Deckungsscheiben, die vom Wärter bedient wurden, so daß der Lokomotivführer bei Freigabe sicher sein konnte, daß der Haltepunktwärter die Straße sperrt. Mit dem Umlegen der Deckungsscheibe wurde unter der Brücke ein Lichtkasten beleuchtet, dessen transparenter Text auf das Nahen des Zuges hinwies. Die Deckungsscheiben wurden entfernt, als 1967 eine

Das Dienstgebäude der einstigen Abzweigstelle Neißebrücke (1989). Foto: Treichel

im Straßenverkehr übliche Warnblinkanlage aufgestellt wurde.

Am Ende des Bahnsteigs steht das einzige Vorsignal der Schmalspurstrecke. Es gehört zum Einfahrsignal B des Bahnhofs Zittau.

Das heutige, seit März 1994 vernagelte Gebäude stand einst auf dem Bahnsteig in Görlitz.

Abzweigstelle Neißebrücke

1890 wurde am über die Neiße führenden Viadukt bei km 1,647 die Abzweigstelle Neißebrücke eingerichtet. Hier zweigten die Schmalspurstrecken nach Markersdorf (ab 1900 nach Hermsdorf i. B.) sowie nach Oybin und Jonsdorf ab, und hier begann die ZOJE. Die Weiche mußte von einem Wärter der ZOJE unterhalten werden. Für den Wärter war ein kleines Fachwerkgebäude aufgestellt worden, das 1998 abgerissen wurde. Nicht mehr besetzt war die Abzweigstelle seit 1. Juni 1946. Bis Februar 1961 zweigte aber noch das ehemalige Streckengleis als Anschluß für den Schlachthof und den Kohlehändler Otto ab.

Zittau Süd

Unbekannt war noch 1890, an welcher Stelle die Schmalspurbahn nach der Regulierung der Mandau den Fluß mit einem Brückenbauwerk schneiden sollte. Man verzichtete zunächst auf den Bahnhof Zittau Schießhaus und eröffnete statt dessen 1890 an anderer Stelle provisorisch die »Haltestelle Casernenstraße«.

Der Bahnhof Zittau Schießhaus wurde im Jahre 1897 auf einem Wiesengelände angelegt. Er wurde nach dem benachbarten Gasthof mit Schießstand benannt, an dem der Zittauer Schützenverein übte. Der 1. Oktober 1897 gilt als offizieller Eröffnungstag für Zittau Schießhaus. Der Bahnhof bestand zunächst aus einem Gleis für die Zugfahrten (Gleis 1) und zwei Nebengleisen (Gleise 2 und 3). Ein Gleis war mit einer Kopf- und Seitenrampe (im Lageplan als »Ladebühne« bezeichnet) versehen, auf der sich die auf Rollfahrzeugen aufgebordeten normalspurigen Güterwagen entladen ließen und über die oft auch Stammholz entladen wurde. Später kam für Zugfahrten noch das Gleis 4 hinzu; in einem Lageplan von 1911 ist es bereits angeführt. Die Gleisanlagen waren einerseits vom Mühlgraben, anderseits von einer unbefestigten Straße begrenzt, die parallel zu den Gleisen am Bahnhof vorbeiführte. Noch innerhalb des Bahnhofbereichs kreuzten mehrere Straßen die Gleise. In der gesamten Betriebszeit kam es nie zu Unfällen an diesen Übergängen.

Ostwärts der Gleisanlagen zweigten ein Gleis aus dem Gleis 1 ab. Diese Zweiggleis und ein Gleis als Verlängerung des Gleises 2 führten zur separat gelegenen Ladestraße, die gepflastert und mit Begrenzungssteinen versehen war. Hier wurde überwiegend Kohle entladen, auch aus normalspurigen Fahrzeugen, die auf Rollwagen standen. Hinter der Ladestraße führten die Ladestraßengleise (2 und 5) zusammen und mündeten in das Gleis, das in das Streckengleis in Richtung Zittau überging. Bei der späteren Anordnung von Einfahrsignalen mußte diese Einbindung und die mögliche Länge der Rangierabteilungen berücksichtigt werden, so daß das Signal in Höhe von km 2,1 aufgestellt wurde.

Zwischen beiden Zuggleisen wurde 1897 in Höhe von km 2,6 ein hölzernes Bauwerk errichtet, wie es auf weiteren Haltestellen der ZOJE stand. In den 2,76 m tiefen Warteraum gelangte man durch eine Doppeltür mit Seiten- und Oberfenstern. Auf der linken Seite schloß sich der Dienstraum mit einem eigenen Fenster an; aus ihm wurden zum Warteraum hin Fahrkarten verkauft. 1922 wurde der Dienstraum um 1,70 m durch einen 2,25 m hohen Anbau erweitert.

Der Bahnhof Zittau Schießhaus liegt 231,77 m über Normalnull und ist der tiefstgelegene Punkt der Schmalspurbahn Zittau–Oybin/Jonsdorf.

Zittau Schießhaus um 1930. Im Hintergrund steht die Mandaukaserne, die zu jener Zeit bereits als Wohnhaus diente. Foto: Bösenberg

So wie hier in Zittau Schießhaus sahen die Wartehäuschen an der ZOJE aus. Ein Bild vom Jahre 1921. Foto: Uhlig

Im Süden Zittaus, außerhalb des Stadtkerns, siedelten sich Industriebetriebe an, und ganze Straßenzüge wurden neu mit Wohnhäusern bebaut. Insofern hatte der Bahnhof Zittau Schießhaus einen sowohl für den Güterverkehr als auch für den Personenverkehr günstigen Standort. Im Personenverkehr nutzten ihn Fahrgäste in erster Linie als Zustieg für Ausflüge in das Zittauer Gebirge, aber auch in der Gegenrichtung zum Bahnhof Zittau für Anschlußreisen, denn der Fußweg zum im Norden der Stadt gelegenen Bahnhof Zittau war zeitraubend und wegen des Anstiegs von über 30 m beschwerlich.

Die unmittelbare Umgebung des Bahnhofs Zittau Schießhaus - ehemalige Überschwemmungsflächen - blieb, vom bereits vorhandenen Schützenhaus abgesehen, fast unbebaut. Auf der einen Seite lagen der für Schützenfeste und Zirkusveranstaltungen vorbehaltene Königsplatz (heute Martin-Wehnert-Platz), auf der anderen die sogenannte Schießwiese und hinter der Ladestraße die landwirtschaftlich genutzten Neißewiesen. Diese Flächen wollte man nach Plänen von 1920 für einen neuen Bahnhof nutzen. Danach sollte, zur Entlastung des Bahnhofs Zittau, Zittau Schießhaus zu einem großen Ortsgüterbahn-

Martin-Garn-Brücke für das Anschlußgleis Grünberger & Seidel sowie Stadtwerke über der Mandau [Lokomotive 99 731] (1964). Foto: R. Preuß

Eine der einst üblichen Zugkreuzungen auf dem Bahnhof Zittau Süd (1973). Im Hintergrund der Neiße-Viadukt für die Strecke Zittau–Liberec (Reichenberg). Foto: R. Preuß

hof umgewandelt werden. In einer anderen Variante sahen die Planer vor, Zittau Schießhaus als Spurwechselbahnhof ohne die dritte Schiene von Zittau anzulegen. Anstelle von Zittau wäre dann Zittau Schießhaus mit zwei Bahnsteigen und einem Abstellgleis der Ausgangspunkt der Schmalspurzüge nach Oybin und Jonsdorf sowie nach Hermsdorf i. B. geworden. Für die normalspurigen Güterwagen sollten 3 Ladestraßen mit Kopf- und Seitenrampen und eine Groß-Krananlage gebaut werden. Außerdem sollten eine Güterabfertigung für Stückgut mit Umladebühne für das Überladen zwischen Schmal- und Normalspurwagen, ein Empfangsgebäude, ein Verwaltungsgebäude, zwei Stellwerke, ein Lokomotivschuppen und ein Ausbesserungswerkstatt dazu gehören. Olbersdorfer Unternehmer forderten 1922, das normalspurige Gleis bis Olbersdorf zu verlegen. Weder wurde dieser Forderung, noch dem großen Plan entsprochen. Alles scheiterte an der Finanzierung.

1937 erhielt der Bahnhof ein neues Dienstgebäude, in das 1938 das mechanische Stellwerk montiert wurde.

Bei einem Bombenabwurf 1945 auf den Bahnhof Zittau Schießhaus waren 6 Tote und zahlreiche Verletzte sowie große Schäden an Fahrzeugen und Anlagen zu beklagen.

Nach 1945 ließ fast jeder im Süden Zittaus bestehende Betrieb einen Gleisanschluß zum Bahnhof Zittau Schießhaus legen, die sämtlich innerhalb des

Zittau Vorstadt kurz vor dem Umbau. Links steht noch das kleine Wartehäuschen, der Zug führt aber schon einen modernen Wagen des Baujahrs 1907. Über dem Nebengleis eine Ladelehre.
Foto: Sammlung R. Preuß

Bahnhofbereichs einmündeten. Folgende Anschlüsse gingen in Betrieb:

1946 Firma Bernhard (Färberei)
1946 Grünberger & Seidel (Gerberei; zugleich mit Anschluß für die Stadtwerke)
1948 Holzkontor (Holzgroßhandel)
1949 Konsum (Bäckerei).

Überwiegend wurden den Anschließern Güterwagen auf Rollwagen zugeführt, aber für die Stadtwerke kamen auch schmalspurige Wagen mit Braunkohle vom Tagebau Olbersdorf an. Es herrschte hier ein reger Rangierverkehr, den die Lokomotiven der Güterzüge während ihres Aufenthaltes übernahmen.

Die Anschlüsse wurden zwischen 1962 und 1974 aufgegeben. Ebenso wurde auf die Ladestraße verzichtet, als man die Neißewiesen mit Wohnhäusern bebaute.

1950 wurde die Umbenennung des Schmalspurbahnhofs in »Zittau Süd« angeordnet, da die bisherige Bezeichnung »friedensfeindlich« sei. (21)

Bis auf die geschlossenen Anschlüsse blieb der Bahnhof Zittau Süd unverändert; er wurde als Kreuzungsbahnhof genutzt. Ein häßlicher Barackenanbau erweiterte in den 60er Jahren das Dienstgebäude mit dem Fahrkartenschalter und dem kleinen Warteraum; dadurch erhielt der Fahrkartenverkäufer einen größeren Arbeitsplatz. Der Bahnhof besaß vollständige Abfertigungsbefugnisse im Personenverkehr und wurde von den im Süden Zittaus wohnenden Reisenden gern für Fahrkartenkäufe in alle Richtungen benutzt, da sie so auf den Weg zum Bahnhof Zittau verzichten konnten.

Die SOEG wandelte mit Übernahme der Bahn sofort den Bahnhof in eine unbesetzte Betriebsstelle um, beließ jedoch die Gleisanlagen, so daß der Bahnhof weiterhin für Zugkreuzungen geeignet ist.

Zittau Kasernenstraße

Die Station Kasernenstraße (anfangs mit »C« geschrieben) lag direkt an der Stelle, wo heute die Eisenbahn die Mandau überquert. Sie hatte ein Ladegleis mit einem in Richtung der Kasernenstraße liegenden Gleisstumpf. Hier wurde Hartauer Braunkohle für Fabriken in Jonsdorf verladen, auch wurde die Station dazu benutzt, die Züge beginnen zu lassen. Die Lokomotive konnte die Wagen umfahren. Ab 1892 verkaufte an Sonn- und Feiertagen ein Streckenwärter Fahrkarten. Am 27. September 1897 wurde die Station geschlossen, da die benachbarte Station Zittau Schießhaus in Betrieb ging.

Zittau Vorstadt

Dort wo die Bahnstrecke ihre teilweise Umrundung der Stadt Zittau abschließt und sich mit einer Linkskurve von 80 m Halbmesser dem Gebirge zuwendet, liegt der Bahnhof Zittau Vorstadt, in den Plänen zuerst mit »Haltestelle Zittau-Vorstadt« bezeichnet. Das Schild am Wartehäuschen trug die Beschriftung »VORSTADT ZITTAU«. Den Begriff »Vorstadt« gibt es in Zittau nicht, vielleicht war an »Vor der Stadt« gedacht, verläuft doch die Gemeindegrenze zwischen Zittau und Olbersdorf dicht am Bahnhof vorbei und nach der Ausfahrt über das Streckengleis. Die Betriebsstelle war im Personenverkehr stets stark beansprucht.

Die Haltestelle bestand 1890 aus einem durchgehenden und einem Seitengleis, das nach beiden Seiten als Stumpfgleis endete und als Ladegleis diente. Über diesem Gleis stand eine Ladelehre. Es lagen also vier Weichen. Auf der westlichen Seite standen am Gleis die übliche hölzerne Wartehalle sowie ein Wagenkasten und daneben ein niedriger Lagerschuppen. Im Wartehäuschen befand sich ein kleiner Dienstraum.

1896 erhielt die Haltestelle ein Überholungsgleis mit Zwischenbahnsteig und 1910 das Kurbelwerk vom Bahnhof Grottau (Hrádek n. N.). An den Gleisen IV und V wurden 1911 ein Zwischenbahnsteig und zwischen den Gleisen 2 und 3 ein Überholungsgleis gebaut. Das Empfangsgebäude und der Güterschuppen sind 1912 errichtet worden. Der Tunnel vom Empfangsgebäude zu den Bahnsteigen an den Gleisen 4, 5 sowie 6 war 1913 fertig.

Vom Bahnhof aus führten Anschlußgleise zu den Firmen Gruschwitz (später VEB Stahlwerk »Georg Schwarz« Olbersdorf) und Wagner & Co. (später VEB Textima Zittau). Am Empfangsgebäude wurde 1938 eine Rampe fertiggestellt, über die man die Wagen auf den Rollfahrzeugen ent- und beladen konnte. In den dreißiger Jahren erhielt der Bahnhof auch einen Wasserturm, schließlich endeten und begannen hier manche Züge, und die Lokomotiven mußten Wasser fassen. Seine größte Gleisanzahl hatte der Bahnhof mit 8 Gleisen bis zur Demontage. Zuerst wurde das an den Kleingärten liegende Gleis 8 abgebaut. Bis 1981 standen beiderseits des Bahnhofs zweiflüglige Einfahrsignale.

Die SOEG ließ 1997/98 das Empfangsgebäude instandsetzen. Es präsentiert sich innen und außen weitgehend historisch. Instandgesetzt wurden auch die Bahnsteigdächer und Gleisanlagen, denn der Bahnhof Zittau Vorstadt soll nicht allein eine Zu- und Aussteigestation, sondern mit alten Fahrzeugen auch museale Freianlage für die Zittauer Schmalspurbahn sein.

Olbersdorf Niederdorf

Als zweite Betriebsstelle für den langgezogen Ort Olbersdorf richtete die ZOJE die Haltestelle am Kretschamweg ein und nannte sie »Haltestelle Niederolbersdorf«. Der Bahnsteig lag an der östlichen Seite mit der Wartehalle – das bei der ZOJE standardisiertes Holzgebäude. Westlich vom Streckengleis befand sich ein Ladegleis, das vom Streckengleis aus nur über eine Verbindung auf der Südseite befahren werden konnte. Mit dem zweigleisigen Ausbau wurde die Haltestelle zum Bahnhof und erhielt Einfahrsignale. Da, wo bisher das Ladegleis lag, befand sich nun das zweite Bahnhofsgleis für die Zugfahrten und daneben der Bahnsteig für die Oybiner Richtung. Es gab also für jede Richtung einen eigenen Bahnsteig. Das neue Ladegleis mit Rampe und Ladestraße lag neben dem Bahnsteig, und es erhielt eine Verbindung über eine Weiche im Gleis Zittau Vorstadt–Oybin und eine vom Gleis der Gegenrichtung, bei dem die Weiche auf der Vorstädter Seite lag. Das Gleis Zittau– Oybin wurde gekreuzt.

Empfangsgebäude zu Olbersdorf Niederdorf um 1930.
Foto: Sammlung R. Preuß

Am 23. Mai 1914 erhielt der Bahnhof die Bezeichnung »Olbersdorf Niederdorf«. Das Empfangsgebäude mit Wohnung wurde 1915 bezugsfertig, so daß die Wartehalle und der Freiabtritt am östlichen Bahnsteig entfallen konnten. Auf dem westlichen Bahnsteig war ein Freiabtritt als Ziegelbauwerk gesetzt worden.

Am 1. November 1943 wurde Olbersdorf Niederdorf als Zugmeldestelle aufgelöst und die Betriebsstelle wieder Haltestelle. Als das zweite Gleis fehlte, gab es nur noch den östlichen Bahnsteig an der Gießerei Bibrack. Seit 26. September 1965 ist Olbersdorf Niederdorf unbesetzt und seit 1968 nicht mehr für den Güterverkehr zugelassen, so daß auf das Ladegleis verzichtet werden konnte. Es wurde abgebaut und der Bahnsteig an der Dorfseite eingerichtet. Seit April 1970 ist Olbersdorf Niederdorf Haltepunkt.

Olbersdorf Oberdorf auf einer Ansichtskarte. Hier ging der zweigleisige Zugbetrieb durch den Bahnhof, ein Maschenzaun trennt die Gleise 1 und 2. Im Hintergrund steht die Zeisigschenke, die früher der Betriebsstelle den Namen gab.
Foto: Sammlung R. Preuß

Olbersdorf Oberdorf

Zuerst wurde die »Haltestelle« nach der benachbarten Gaststätte »Zeisigschenke« (nach dem Gastwirt; Schreibweise auch Zeißigschenke) benannt, und sie bestand aus dem durchgehenden Gleis und einem Überholungsgleis, das mit dem Ladegleis in südlicher Richtung verlängert war. Auf östlicher Gleisseite stand das Wartehäuschen.

Mit dem Bau des zweiten Streckengleises begann auch die Erweiterung des Bahnhofs. Die Betriebsstelle hatte damit nicht nur die zwei durchgehenden Gleise mit jeweils einem Außenbahnsteig – ein Maschendrahtzaun zwischen diesen beiden Gleisen verhinderte, daß Reisende auf der falschen Seite aussteigen und in den Gegenzug geraten konnten – sondern noch ein Überholungs- und zwei Ladegleise. Zwischen diesen lag die Ladestraße. Das Ladegleis neben dem Überholungsgleis, auf dem auch der wartende Güterzug stehen konnte, war nach Norden zu als Stumpfgleis verlängert, so daß es zugleich als Flankenschutz wirkte.

Im Juni 1913 begannen Bauarbeiten für ein Empfangsgebäude mit Wohnung und für ein Toilettenhaus. 1912 waren zwei Signalhebel aufgestellt worden, die zu den Weichen in Schlüsselabhängigkeit standen. Im gleichen Jahr wurden ein Anschlußgleis im Bahnhof und ein weiteres auf freier Strecke (Zeißigschenke–Bertsdorf) für die Firma Katz & Klumpp eingerichtet. Am 27. Juli 1913 erhielt die Haltestelle die Bezeichnung »Ober-Olbersdorf«, am 4. Juni 1914 schließlich »Olbersdorf Oberdorf«.

1949 wurde vom Bahnhof aus (als Verlängerung des Hauptgleises 3) ein Anschlußgleis von 2,4 km Länge zur Braunkohlengrube »Glückauf« verlegt. Wegen des Brennstoffmangels – die sowjetische Besatzungszone war von den großen Steinkohlengebieten abgeschnitten – wurde der abgesoffene Tagebau, der seit 1938 stillag, wieder erschlossen. Zittauer Betriebe bezogen die Braunkohle in Schmalspur-Güterwagen, sonst ist sie in Normalspurwagen auf Rollwagen an Textilbetriebe in Neugersdorf, Ebersbach und anderen Orten geliefert worden. Auf dem Bahnhof Olbersdorf Oberdorf verluden auch der Mühlenbetrieb Mauermann und das Holz- und Imprägnierwerk. Dazu wurde, um auf die vom Rollwagen erhöhte Ladefläche zu kommen, die Seitenladerampe am Gleis 5 benutzt. Der Güterverkehr ist Ende 1994 eingestellt worden. Die alte Zeißigschenke stand seit 1987 als baufälliges Gebäude leer und wurde im Winter 1989/90 abgetragen. Im März 1995 ließ die SOEG hier eine Überladerampe für Betriebsmittel anlegen. Schmalspurfahrzeuge kommen auf Straßenfahrzeugen nach Olbersdorf Oberdorf und werden über diese Rampe auf die Schmalspurgleise gesetzt.

Bertsdorf

Die Lage des Bahnhofs entsprach nicht dem ursprünglichen Planungsstand. Zunächst sollte das Streckengleis nach Oybin näher im oberen Dorf Olbersdorf entlangführen, als das heute der Fall ist. Proteste der Anrainer verhinderten u.a. die ursprüngliche Planung. Die Strecke wurde höher an den Hang

Der Bahnhof Bertsdorf im Jahre 1952. Der Triebwagen VT 137 322 steht auf Gleis 1, links davon liegt das Gleis 2, das dank der doppelten Kreuzungsweiche Züge nach Kurort Oybin und nach Kurort Jonsdorf befahren können. Nicht zu sehen ist das Gleis 7 für die Züge Kurort Oybin–Zittau, das vom Lokomotivschuppen rechts verdeckt ist. Foto: Paul

des Ameisenberges herangeführt, und damit veränderte sich die Lage der »Haltestelle Jonsdorf-Bertsdorf«, von der das Gleis nach Jonsdorf abzweigen sollte. Sie wurde in den Zittauer Wald verlegt. Für die notwendigerweise ebene Bahnhofsfläche mußte 1889 Wald abgeholzt und Gelände abgetragen werden. Moschkau schreibt in der Zeitung »Gebirgsfreund«: »Wer dagegen ein interessantes Bahnbaubild genießen will, der besuche den Platz, wo künftig der Bahnhof Bertsdorf sich erheben wird ... Holzfäller, welche den Wald in großer Fläche lichten, Fuhrleute, welche Steine, Ziegeln u. s. f. anfahren, dominieren hier, und schon hat auch eine primitive aber einladende 'Eisenbahnschänke' ihre gastlichen Pforten aufgetan, bereit nicht nur die zu erwartenden Arbeiter, sondern auch Bahnbautouristen zu erquicken.« (8)

Auf dieses vom Wald umgebene Areal wurden die Gleisanlagen des Abzweigbahnhofs verlegt: ein Durchfahrgleis, zwei ihm benachbarte Gleise, von denen eins jeweils die Ausfahrt nach Oybin und nach Jonsdorf ermöglichte, zwei Abstellgleise, die außerdem die Verbindung zum Ladeplatz am Empfangsgebäude bzw. zu einer Rampe herstellten. Die »Haltestelle« sollte außerdem Lokomotivstation (bis 1955) sein, also wurden ein zweiständiger Lokomotivschuppen und ein Kohleschuppen (am Gleis 6) gebaut, in den die Gleise 5 und 6 führten. Allerdings muß vom Bahnsteiggleis 1 aus stumpf zum Lokomotivschuppen gefahren werden. Für die Gattung IV K war ein 12,10 m langer Anbau am Lokomotivschuppen erforderlich, der 1911 vollendet war. Die bisherigen Löschgruben lagen nun im Gebäude und wurden als Untersuchungsgruben benutzt. Für die später eingesetzten Triebwagen wurde der Lokomotivschuppen nochmals verlängert, und zwar im Jahr 1940. Er erhielt außerdem unterirdische Kohleräume, die innerhalb des Schuppens und von außen (am Gleis 7) gefüllt werden können.

Als erste Hochbauten errichtete eine Zittauer Firma 1890 in unmittelbarer Nähe zum Bahnhof Wohngebäude für Beamte und Arbeiter der Bahn. 1916 kam ein größeres Beamten-Wohnhaus hinzu. Allerdings lagen die Bauten – diese Wohnhäuser und der Bahnhof selbst – außerhalb eines Ortes. Für den nächsten Ort, das ist Olbersdorf, war die Betriebsstelle uninteressant. Erst viel später reichten Siedlungshäuser bis in Nähe des Bahnhofs. So kam es, daß die »Haltestelle« endgültig den Namen Bertsdorf erhielt. Der Namensgeber liegt 2 km entfernt.

Das Empfangsgebäude mußte nach einer Musterzeichnung der Staatseisenbahnen gebaut werden. Deshalb ähnelt es manchem anderen Empfangsgebäude in Sachsen. Es war im September 1890 fertiggestellt. Die massiven Wirtschaftsgebäude – ebenfalls nach Mustern gebaut – mit Auf-

Ein Zug der DB fährt von Zittau in den Bahnhof Bertsdorf am Bahnsteig 1 ein. Das spitze Dach über der Lokomotive war wegen der aufgebockten Güterwagen notwendig. Foto: R. Preuß

enthaltsraum für das Lokomotiv- und später Rangierpersonal entstand 1891.

Bertsdorf erhielt 1906 ein weiteres Gleis, das Gleis 7, das östlich vom Empfangsgebäude lag. Neben dem Gleis 7 lag auch ein Abstellgleis. Zwischen Gleis 1 und 2 (nach heutiger Lage) wurde auf ein Gleis zugunsten eines Bahnsteiges verzichtet, er erhielt 1914 teilweise eine Überdachung.

Als Ladegleise galten der Stumpf vom Gleis 1 und bis 1971 die nördliche Fortsetzung am Gleis 4. Hier befanden sich auch die Seitenrampen; die Rampe am Gleis 4 war für die Langholzverladung gebaut worden.

Der Rückgang des Güterverkehrs führte dazu, daß der Bahnhof Bertsdorf 1971 die hauptsächlich von den Güterzügen benutzten Gleise verlor. Es verblieben die Gleise 1, 2, 3, 5 und 7. Das Umfahrungsgleis zwischen Gleis 1 und 7 wurde für Signalfahrten zugelassen. So konnte auf den Gleisbogen der ursprünglichen Einfahrt zum Gleis 7 verzichtet werden. Die SOEG verlegt ihn jedoch wieder.

1938 erhielt der Bahnhof ein Stellwerksgebäude, das zum Arbeitsplatz für den Fahrdienstleiter wurde. 16 Weichen, 4 Gleissperren und 3 Einfahrsignale wurden mittels Drahtzugleitungen fernbedient. Während die Einfahrten aus den 3 Richtungen mit dem Hauptsignal gesichert waren, mußte wegen der beengten Platzverhältnisse auf Ausfahrsignale verzichtet werden. Die Aufsicht am Bahnsteig (bis 1995) und die Zugführer, die den Zügen den Abfahrauftrag (später Abfahrsignal genannt) erteilen, können nicht wie bei anderen Bahnhöfen an der Stellung der Ausfahrsignale erkennen, ob die Bedingungen für die Ausfahrt gegeben sind und der Fahrdienstleiter die Zustimmung erteilt hat, weil für solche Signale der Platz fehlte. Deshalb montierte man am Stellwerksgebäude fünf Leuchtkästen, am Bahnsteig 1 und 2 in Richtung Zittau zwei und am Bahnsteig 7 in Richtung Zittau einen kleinen Leuchtkasten. Ist die Fahrstraße mechanisch festgelegt und stimmt der Fahrdienstleiter der Ausfahrt zu, dann leuchtet hier der Buchstabe der jeweiligen Fahrstraße auf.

Die rein mechanisch wirkende Stellwerkseinrichtung bestand aus Hebeln, dem Verschlußkasten und dem Spannwerk. Mit der Zuordnung der Schmalspurbahn zur Rbd Cottbus ordnete diese Direktion 1960 einen eigenartigen Tausch an: der moderne Verschlußkasten wurde zu einem Stellwerk des Bahnhofs Cottbus umgesetzt. Ersatzweise erhielt das Bertsdorfer Stellwerk ein altmodisches Schlüsselwerk.

Kurort Oybin Niederdorf

Bis zum 22. Mai 1914 hieß die Betriebsstelle am Ortsrand von Olbersdorf und an der Leipaer Straße, einem alten sächsisch-böhmischen Handelsweg über das Gebirge, »Haltestelle Wittigschenke«. Sie besaß auf der nördlichen Seite eine Wartehalle und einen Freiabtritt, auf der südlichen Seite ein Ladegleis, zu dem nur eine aus zwei Weichen bestehende Gleisverbindung führte. Nach dem zweigleisigen Ausbau wurde Wittigschenke zum Bahnhof mit vier Gleisen. Das Gleis 3 konnte zum Umfahren des Ladegleises 4 oder zum Aufstellen von Güterwagen benutzt werden. Zum Streckengleis in Richtung Bertsdorf lag als Flankenschutz über Gleis 3 und 4 eine Doppelgleissperre. Zum Ladegleis 4 führten zwei Gleisverbindungen, die auf der Bertsdorfer Seite über das Gleis Oybin–Zittau Vorstadt, das Gleis der Gegenrichtung und das Gleis 3 gingen, so daß allein für die eine Verbindung fünf Weichen notwendig waren. An das Gleis 4 wurde zudem in südlicher Richtung ein Stumpfgleis mit 35 m Nutzlänge angefügt,

Das waren die Eingänge zum Warte- (links) und zum Dienstraum von Kurort Oybin Niederdorf (1960). Foto: Sammlung R. Preuß

an das unter Ausnutzung des natürlichen Geländes eine Seitenladerampe gebaut wurde. Entladen hat hier hauptsächlich die Papierfabrik, die in gedeckten Wagen Altpapier erhielt. Außerdem befand sich an der Betriebsstelle bis 1966 ein Holzlagerplatz der Forstverwaltung, die Grubenholz und Zaunfelder verlud.

Das Empfangsgebäude wurde für 20 249 Mark mit Warte- und Dienstraum sowie Wohnung im Jahre 1916 gebaut. Es dient heute ausschließlich als Wohnhaus. Auf der südlichen Seite des Streckengleises stand am Bahnsteig ein Wagenkasten, in dem Expreßgut und Betriebsstoffe verwahrt wurden.

1943 wurde der Bahnhof Kurort Oybin Niederdorf zur Haltestelle herabgestuft und die Signalflügel an den Einfahrsignalen abgenommen. Seit 26. September 1965 ist die Haltestelle unbesetzt. Sie wurde gleichzeitig für den Güterverkehr geschlossen, die dazu benutzten Gleise wurden im April 1970 abgetragen. Seitdem ist Kurort Oybin Niederdorf ein ruhiger Haltepunkt. Das Gelände, wo einst die Güterwagen standen, haben findige Eisenbahner erworben und zu Wochenendgrundstücken umgewandelt.

Teufelsmühle

Der Haltepunkt wurde nach der benachbarten Gaststätte benannt. Hier beginnen gut markierte Wanderwege zum Töpfer und nach Eichgraben. Bis 1892 existierte ein »Zweiggleis Eiselt«, bei dem auch die Massen vom Ausbruch am Einsiedlerfelsen verladen wurden. Die Züge halten »nur auf Verlangen«. Zum Winterfahrplan 1974 wurde der Haltepunkt als überflüssig gestrichen, doch 1990 wieder eingerichtet. Im Winter 1912/13 stellte die Eisenbahn hier eine Wartehalle auf, die 1973 abgerissen wurde.

Kurort Oybin

Die »Haltestelle Oybin« bestand bei der Eröffnung aus drei Gleisen, wobei das am Empfangsgebäude vorbeiführende Gleis in beiden Richtungen als Stumpfgleis lag. Das vom Streckengleis in das mittlere Gleis übergehende endete als Stumpfgleis vor der Dorfstraße. Der Gleisstumpf auf der nördlichen Seite diente dem Ent- und Beladen von Güterwagen, hier befand sich eine kleine Ladestraße. Die Zufahrt

Ein Postkartenbild aus dem Jahre 1909. Rechts das Empfangsgebäude Oybin, davor eine Lokomotive der Gattung IV K vor einem gemischten Zug, links auf dem späteren Gleis 10 stehen Personenwagen und ein Güterwagen, der entladen wird. Foto: Sammlung Sameiske

Links vom Berg Oybin zeigt sich der Hochwald (749 m). In dem von Bergen umrandeten Kessel liegt der Bahnhof Kurort Oybin (1930). Foto: Sammlung R. Preuß

Das war der Eingang zum Bahnhof Kurort Oybin, der bei der letzten Erweiterung an das neue Dienstgebäude gesetzt wurde. Von hier aus ging es in die Halle mit Fahrkarten- und Gepäckschalter (1977). Foto: R. Preuß

war von der Hauptstraße aus über das Bahnhofsgäßchen möglich, das es heute nicht mehr gibt. Das Empfangsgebäude bestand aus dem massiven Mittelteil im Schweizer Stil mit Dienstraum im Empfangsgebäude und Wohnung im Obergeschoß sowie einem Anbau für Stückgüter. In das Gebäude war eine große Ladetür eingelassen, unter der sich zum Gleis zu eine Rampe befand. Auf der südlichen Seite war die Wartehalle angebaut, deren Stirnseite später, mit Spenden finanziert, eine große Uhr erhielt. Im Erdgeschoß lag vom 11. Dezember 1892 bis 1. Oktober 1900 die Kaiserliche Postagentur.

1891 erhielt die Station ein Wasserhaus. Der Wasserkran stand nahe beim Wasserhaus am mittleren Gleis. Die Gleisanlagen wurden 1907, 1909 und mit dem zweigleisigen Ausbau 1913 erweitert. 1907 erhielt der Bahnhof ein Abstellgleis zur Hauptstraße hin, auf dem auch ent- und beladen wurde. 1913 wurde dieses Gleis zum Bahnsteiggleis 10, dessen Stumpf hinter dem Empfangsgebäude vorbeiführte. In das Gleis 10 konnte signalmäßig eingefahren werden. Hinter ihm lag zur Umfahrung das Gleis 11. Auf die Stirnseite des Empfangsgebäudes zu gingen die Gleise 8 und 9, die Verbindung zu Gleis 1 hatten. Diese beiden Gleise und die Verbindung sind vermutlich 1943 abgetragen worden. Gleis 1 und 2 waren Bahnsteiggleise. Vom Gleis 4 über Gleis 5 hinweg führt das Gleis 7 zu der neuen Ladestraße unterhalb des Berges Oybin. Hier stand ein Lademaß.

1910 war der Güterschuppen gebaut worden, an dem das Gleis 5 vorbeiführte und in das Gleis 6, ebenfalls ein Ladegleis, überging. Der Bahnhof brauchte beim zweigleisigen Betrieb auch Abstellgleise. Zwei lagen neben der Ladestraße in Richtung Einfahrsignal. Auch am Empfangsgebäude kam es zu Veränderungen. Aus dem Güterraum wurden Toiletten. Für Diensträume entstand ein besonderes Gebäude, das mit einer Halle verbunden wurde, die vor zwei Fahrkartenschaltern und einem Gepäckschalter als Zugang zu den Bahnsteigen und als Wartehalle diente. Dieses kombinierte Bauwerk wurde zum eigentlichen Empfangsgebäude, während das bisherige nur noch die Funktion des Wohnhauses mit Funktionsräumen im Erdgeschoß hatte. Von der Halle aus betrat man den Warteraum 2. Klasse (früher Dienstraum), der nach 1945 Abstellraum wurde. Vor dem Wasserhaus stand ein Gebäude mit der von der Straße aus zugänglichen Toilette. Als 1959 der Bahnhof Kurort Oybin dem Bahnhof Bertsdorf un-

1910 erhält Bad Jonsdorf ein Empfangsgebäude. Die Arbeiter lassen sich vor dem halbfertigen Geräteschuppen fotografieren. Foto: Sammlung Bauer

Auf der Ansichtskarte mit dem Hyronimusstein und dem Ehrenmal für die gefallenen Krieger des Ersten Weltkrieges hat das Empfangsgebäude Bahnhof Jonsdorf noch die zum Bahnsteig hin offene Wartehalle (1930). Foto: Sammlung Wagner

terstellt wurde, war der Dienstraum des Dienstvorstehers frei. Er wurde als Warteraum eingerichtet. 1970 wurde der vereinfachte Nebenbahndienst eingeführt, so daß auf das zweiflüglige Einfahrsignal A und das Kurbelwerk verzichtet werden konnte. Sukzessive wurden Bahnhofsgleise abgebaut, zuerst die Gleise 10 und 11. Zuletzt bestand der Bahnhof nur noch aus den Gleisen 2 und 3. Die SOEG will einige Gleise wieder aufbauen, um historische Fahrzeuge und Züge aufstellen zu können.

Kurort Jonsdorf Hst

Die Station Bad Jonsdorf erhielt ihren Standort, wo der Wald zu Ende war und die ersten Häuser der Gemeinde Jonsdorf standen. Hier befanden sich eine Wasserheilanstalt und Bleichen für die von der Oberlausitzer Textilindustrie benötigten Garne. Im Streckengleis lagen zwei Weichen für das Ladegleis an der Straße. 1910 erhielt die Station ein Empfangsgebäude, das nur aus dem Erdgeschoß bestand, mit Dienstraum und Wartehalle. 1938 kam ein kleines Stellwerk hinzu, denn die Betriebsstelle war mit beweglichen Haltescheiben Ve 1/A und Ve 1/F ausgestattet worden, weil 1934 für die Haltestelle Zugkreuzungen gestattet wurden, die an Sonn- und Feiertagen vorkamen. Am 4. Juni 1914 wurde die Betriebsstelle in »Jonsdorf Hst«, am 15. Mai 1935 in »Kurort Jonsdorf Hst« umbenannt. Als Kreu-

Dem 450 m hoch gelegenen Empfangsgebäude des Bahnhofs Jonsdorf fehlt inzwischen die Wartehalle am Bahnsteig. Sie wurde zum Dienstraum für den Fahrdienstleiter (1977).
Foto: R. Preuß

zungsstelle war die Haltestelle im März 1954 außer Betrieb genommen worden, seit 1959 wurden die Haltescheiben nicht mehr bedient und 1962 die Signale abgebaut. Das kleine Stellwerkhäuschen kam als Wartehalle zum Haltepunkt Drausendorf (Strecke Görlitz–Zittau). Im April 1963 baute man die für die Kreuzung vorgesehenen Gleisverbindungen aus. Im Herbst 1969 wurden Be- und Entladungen von Güterwagen nicht mehr zugelassen. Die neun Jahre zuvor gebaute Rampe für die Beladung von Normalspurwagen erwies sich für die vorgesehene Maschinenverladung als unzweckmäßig, so daß die an der Haltestelle gelegene Maschinenfabrik (die 1998 ihre Tätigkeit einstellte) ihre Erzeugnisse in Zittau verladen mußte. Seit 28. September 1980 verzichtete die DR auf die Besetzung mit einem Haltestellenwärter. Die Gemeinde Jonsdorf nutzte das Haltestellengebäude als Altstoff-Sammelstelle. Die SOEG will es nicht verfallen lassen und beabsichtigt, das Häuschen nach einer Instandsetzung als Ferienhaus zu führen.

Kurort Jonsdorf

Jonsdorf liegt nicht wie Oybin in einem engen Talkessel, sondern verteilt sich über Hochflächen. Zuerst war die Lage der »Haltestelle« unklar, sie kam in 450,855 Meeresspiegelhöhe über die Dorfstraße in die Nähe der Schule und lag auch nach Verlängerung des Bahnhofsgeländes wegen der steilen Anfahrt nicht günstig für die Benutzer des Ladegleises. Man stellte sich Jonsdorf nur als Zwischenstation für die über die Landesgrenze fortführende Strecke vor. Bis 1913 mußte sich die Endstation mit der üblichen, einfachen Wartehalle begnügen, in der seit 1892 im Sommer an Sonn- und Feiertagen der Güteragent Fahrkarten verkaufte. Mit dem Bau des Empfangsgebäudes, das dem von Sachsenberg-Georgenthal sehr ähnelt, erhielt der Bahnhof noch einen kleinen Güterschuppen. Zum Empfangsgebäude gehörte ein zum Bahnsteig hin offener Warteraum, der jedoch zugebaut und als Dienstraum genutzt wurde. Fortan konnten sich die Wartenden im Vorraum vor dem Fahrkartenschalter aufhalten.

Die Gleisanlage blieb stets bescheiden und bestand zunächst aus drei, später aus vier Gleisen, davon ein Gleis als Ladegleis, an dem überwiegend Kohle – meist aus Böhmen bzw. der Tschechoslowakei – verladen wurde. Von hier aus gingen einst die bekannten Jonsdorfer Mühlsteine in die weite Welt. 1969 wurden die Gleise bis auf zwei zurückgebaut.

Den Reisenden macht das Gefälle vom Bahnhof Kurort Jonsdorf zur Straße wenig aus, für die Pferdegeschirre war der Weg vom Ort zur Ladestraße dagegen beschwerlich (1966).
Foto: R. Preuß

10

Lokomotiven, Triebwagen und Wagen

Die Dampflokomotiven der Zittau-Oybin-Jonsdorfer Eisenbahn und der Königlich Sächsischen Staatseisenbahn

Nach dem Dekret Nr. 14 hatte die Zittau-Oybin-Jonsdorfer Eisenbahn die gleichen Betriebsmittel zu beschaffen, wie sie auch bei den K. Sächs. Sts. E. B. verwendet wurden. Zu jener Zeit fuhren in Sachsen bei den schmalspurigen Staatsbahnen die Lokomotiven der Gattung H V TK (I K ab 1900). Die ZOJE ließ die Sächsische Maschinenfabrik, vormals Richard Hartmann, vier solcher Lokomotiven liefern. Da vier Maschinen nicht ausreichten, kam im Jahre 1891 noch die mit der Nr. 5 hinzu. Bei den Staatseisenbahnen gab es während der Lieferjahre mehrere Änderungen. Die Lokomotiven der ZOJE entsprachen in der Ausführung denen der Staatsbahnen Nr. 20 bis 34 und 37 bis 41. Bei der ZOJE trugen die Lokomotiven wie bei den Staatsbahnen auf jeder Seite des Führerstandes die Betriebsnummer (1 bis 4), jedoch am Wasserkasten noch einen Namen. Die Staatsbahn-Maschinen fuhren ohne Namen.

Für die Strecken mit 750 mm Spurweite hatten die K. Sächs. Sts. E. B. zwischen 1881 und 1891 eine größere Anzahl von Tenderlokomotiven bei der Sächsischen Maschinenfabrik (vormals Richard Hartmann) in Chemnitz in Auftrag gegeben. Die Lokomotiven besaßen Außenrahmen, drei gekuppelte Achsen und außenliegende Allan-Steuerung. Angetrieben wurde die dritte Achse. Die ersten Maschinen waren mit einem kegeligen Schornstein ausgestattet, an dessen Stelle später der kürzere Funkenkobel trat. In den zwanziger Jahren fuhren diese Lokomotiven mit einem innerhalb der Rauchkammer liegenden Funkenfänger und einfachem Schornstein. Bei den Maschinen, die die K. Sächs. Sts. E. B. von 1900 an in die Gattung I K einreihte, gab es im Laufe der Lieferjahre mehrere konstruktive Änderungen, z. B. längere Rauchkammer, verlängertes Führerhaus, veränderte Lage des Läutewerkes und eine andere Form des Sandkastens. Mit Übernahme der ZOJE zu den K. Sächs. Sts. E. B. sind deren Maschinen als Nr. 49 bis 53 in die Gattung I K eingereiht worden. Die bei der ZOJE üblichen Bezeichnungen mit Namen blieben zusätzlich an den Maschinen erhalten.

Auf einigen Strecken reichte die Zugkraft der kleinen Lokomotiven nicht aus. Für die Strecke Hainsberg–Kipsdorf waren aus England zwei Doppellokomotiven der Bauart Fairlie eingeführt worden. Sie fuhren mit der Gattungsbezeichnung II. Zwei weitere Doppellokomotiven entstanden, indem man jeweils zwei Lokomotiven der Gattung I K zu einer Einheit zusammensetzte. Die Steuerung blieb getrennt, nur die Regler wurden verbunden. Sie bezeichnete man als Gattung II K (neu). Eine solche Doppellokomotive erhielt auch Zittau (Betriebsnummer 61 A/B).

Offenbar war die Gattung II K (neu) nicht sehr erfolgreich, denn es blieb bei diesen zwei Doppellokomotiven in Sachsen. Die Lokomotive 61 A/B

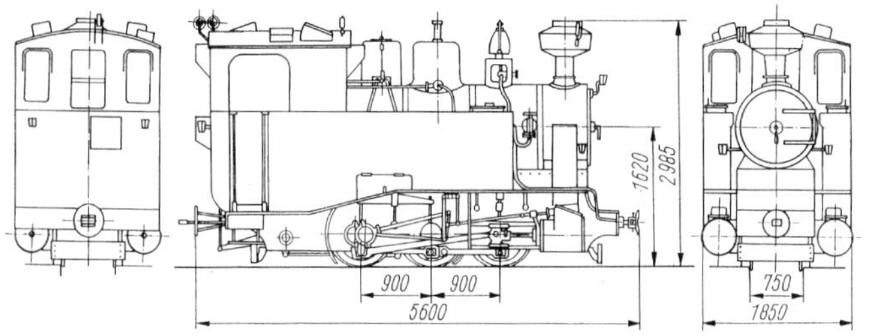

Maßskizze der Lokomotiven ZOJE Nr. 1 bis 5 und K. Sächs. Sts. E. B. Nr. 20 bis 34 und 37 bis 41. Zeichnung: Jünemann

Vor dem Empfangsgebäude Bertsdorf steht die Lokomotive ZOJE Nr. 1. Foto: Sammlung R. Preuß

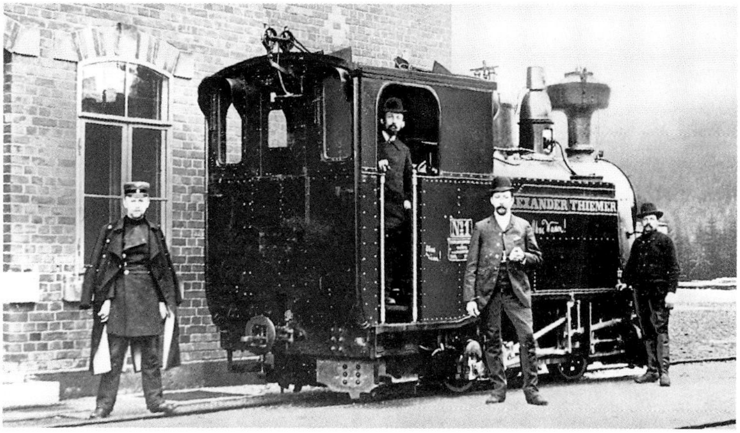

Gern ließen sich die Eisenbahner vor den Lokomotiven fotografieren. Somit ist uns diese Bild von der HOCHWALD erhalten geblieben. Foto: Sammlung Paul

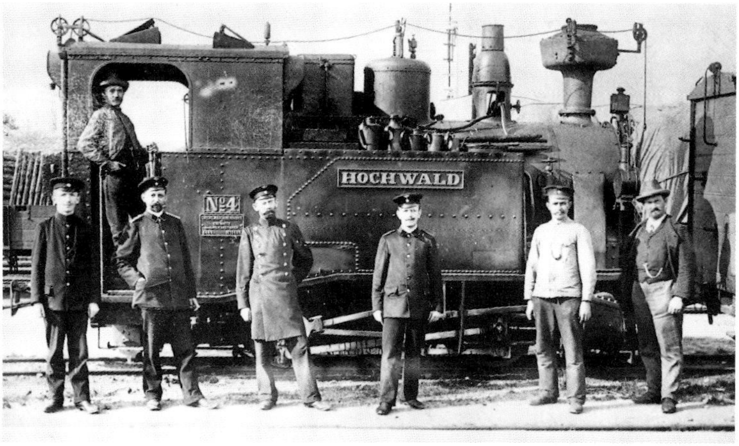

Die Lokomotive ZITTAU der ZOJE in Oybin. Foto: Sammlung R. Preuß

Lokomotiven der K. Sächs. Sts. E. B. Gattung I K

sä. Nr.	DR-Nr.	Hersteller	Baujahr	F-Nr.	von	nach	Bemerkungen
7	(99 7503)	SMF	1884	1329	1884 FA	1888 Rad	
14	(99 7505)	SMF	1884	1367	1888 Rad	1893 Tbh	
16	-	SMF	1884	1369	1884 Klo		+ 1923
17	(99 7506)	SMF	1884	1370	1884 Klo		+ 1925
20	(99 7507)	SMF	1885	1408	1892 Hai	1896 ?	
21	(99 7508)	SMF	1885	1409	1886 Klo	1897 Rad	
22	(99 7509)	SMF	1885	1410	1885 FA	1926 Hai	
23	99 7510	SMF	1886	1446	1892		+ 1926
25	-	SMF	1886	1448	1913 Epp		+ 1919
31	(99 7516)	SMF	1888	1552	1920 Werm		+ 1927
48	-	SMF	1892	1874	1892 FA	1893 Thum	
49	(99 7520)	SMF	1889	1580	1892 FA		ex ZOJE Nr. 1; + 1927
50	(99 7521)	SMF	1889	1581	1889 FA	1926 Dohna	ex ZOJE Nr. 2
51	(99 7522)	SMF	1889	1582	1889 FA		ex ZOJE Nr. 3; + 1926
52	-	SMF	1889	1583	1889 FA		ex ZOJE Nr. 4; 1918 Kriegsverlust in Polen
53	(99 7525)	SMF	1891	1770	1891 FA		ex ZOJE Nr. 5; + 1925
61 A/B	(99 7551)				1913	1919 Sayda	gefügt aus Nr. 1 und Nr. 4

( )	bei der DR nicht im Einsatz	Rad	Radebeul
+	außer Dienst gestellt	SMF	Sächsische Maschinenfabrik, vormals Rich. Hartmann, Chemnitz
Epp	Eppendorf	Tbh	Taubenheim
FA	von Fabrik	Werm	Wermsdorf
Hai	Hainsberg		
Klo	Klotzsche		

war in Zittau von 1913 bis 1923. Die letzten Lokomotiven der Gattung I K wurden 1927 abgezogen. Von diesen Maschinen blieb keine der Nachwelt erhalten.

In noch größerer Stückzahl als die Gattung I K beschafften die sächsischen Staatseisenbahnen bei der Sächsischen Maschinenfabrik zwischen 1891 und 1916 Tenderlokomotiven der Bauart Günther-Meyer (insgesamt 96 Maschinen) und setzten sie, von 1900 an als Gattung IV K bezeichnet, auf fast allen ihren Schmalspurstrecken ein. Für die östlichen Schmalspurstrecken besaß die Maschinen-Inspektion in Dresden im Jahre 1906 lediglich drei IV-K-Maschinen, die auf der Radebeuler Strecke fuhren [35]. Bereits 1896 war eine Lokomotive, mit der Betriebsnummer 125, versuchsweise nach Zittau (wahrscheinlich für Zittau–Markersdorf) gekommen und mußte wegen des schwachen Oberbaues bald nach Klotzsche abgegeben werden. Nach Zittau (d. h. zum Lokomotivbahnhof Bertsdorf) kamen als erste IV-K-Maschinen im Jahre 1909 zwei (Nr. 147, 148), denen weitere folgten. Sie lösten die Maschinen der Gattung I K ab und eigneten sich jahrzehntelang besonders auf der Strecke von Zittau nach Hermsdorf i. B., wo sie bis zum 22. Juni 1945 fuhren, als das Gebiet östlich der Neiße abgeriegelt wurde. Bei Güterzügen traten in der Steigung Wittigschenke–Bertsdorf mitunter Probleme auf, weshalb die Zugstärke auf 36 Achsen beschränkt wurde. Da diese Lokomotiven länger als die der Gattung I K waren, mußten überall die Lokomotivschuppen durch Anbau verlängert werden, u. a. 1911 beim Bahnhof Bertsdorf. In Zittau war bereits ein Jahr zuvor ein neuer Lokomotivschuppen gebaut worden.

Das Gebäude mit den gelben und roten Klinker war das ursprüngliche Empfangsgebäude von Kurort Oybin. Die anschließenden Gebäudeteile wurden später angebaut (1975). Foto: R. Preuß

Laufwerk der Lokomotive 99 757. Foto: R. Preuß

Drei Maschinen der Baureihe 99^{73-76} in Zittau! Mit einem Güterzug angekommen sind die Lokomotiven 99 735 und 99 749, rechts fährt auf Gleis 21 die Lokomotive 99 732 zu einem Personenzug (1964).
Foto: R. Preuß

Lokomotive 99 735 in Olbersdorf Oberdorf (1965).
Foto: R. Preuß

Mit der Baureihennummer »099« bei der Deutschen Bahn - Lokomotive 099 728 (99 749) in Kurort Oybin (1995).
Foto: R. Preuß

Die Lokomotive 99 4532 beim Rangieren in Zittau (1972).
Foto: R. Preuß

Leihweise bei der SOEG - Lokomotive 99 1584 (99 584) in Zittau (1997).
Foto. Treichel

Lokomotive Nr. 35, geliehen von der Döllnitzbahn, in Zittau (1997).
Foto: R. Preuß

In Zittau rangiert die Lokomotive 099 724 (99 735) der Deutschen Bahn (16.6.1995). Foto: R. Preuß

Das Betriebszeichen der SOEG, von einer Zittauer Werbefirma entworfen, soll mit dem roten Kreis Vorwärts und mit den verzweigenden Linien die Weichenstellung in die Zukunft zeigen. Doch Rot bedeutet bei der Eisenbahn »Halt«! (1995). Foto: R. Preuß

Die Lokomotiven zeigen den neuen Besitzer und tragen die Betriebsnummer, wie sie bei der DR bis 1970 galt (1.6.1997). Foto: R. Preuß

Zug der SOEG bei Zittau Vorstadt vor der leergeräumten Fabrikhalle des früheren Textilmaschinenbaus, zuletzt Robur (3.6.1997). Foto: R. Preuß

Als der Bahnhof Zittau Süd 100 Jahre alt wurde, ließ die SOEG das kleine Empfangsgebäude in der historischen Farbgebung herrichten (24.7.1998). Foto: R. Preuß

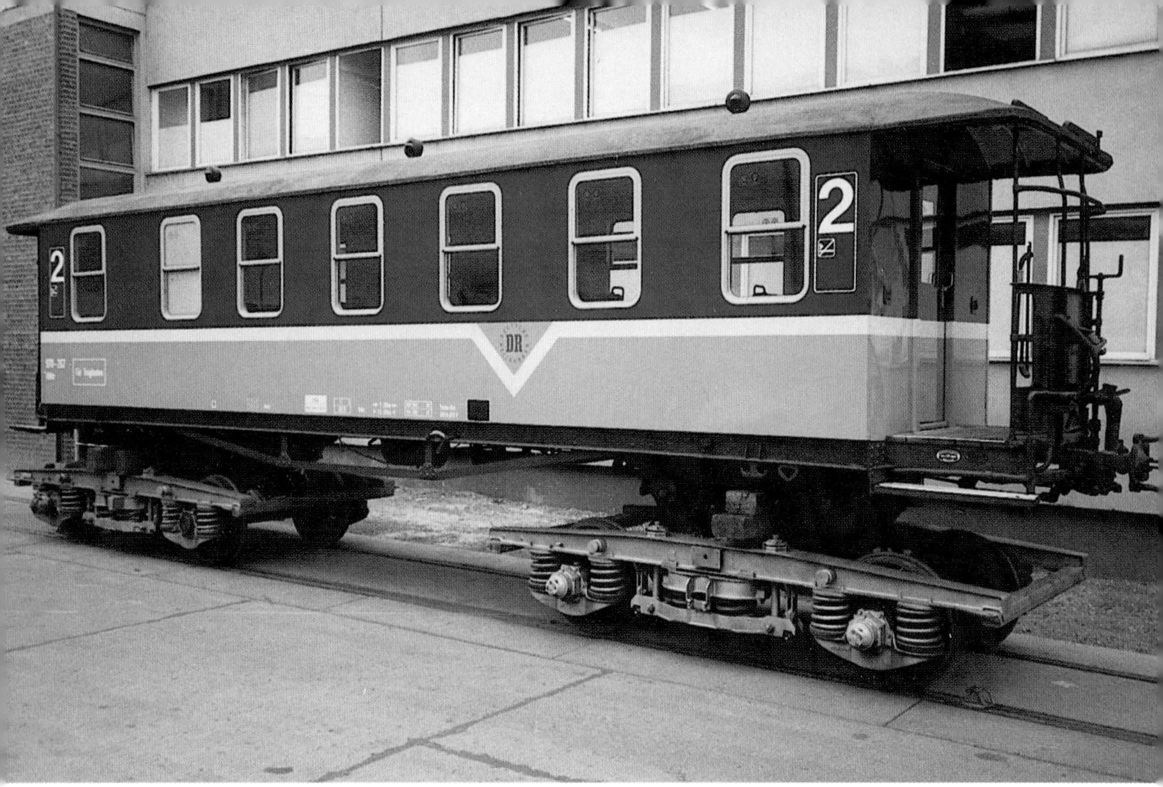

Dieser im Raw Halberstadt modernisierte Traglastenwagen (DR 970-267) war nur kurze Zeit in Zittau (Werkfoto). Foto: Raw Halberstadt

Schneepflug DB 97-09-58 in Zittau (1995). Foto: R. Preuß

Für Traditionszüge übernahm der Interessenverband den Wagen 970-241 - hier 1995 in Kurort Oybin mit dem Eigentumszeichen der Deutschen Bahn. Foto: R. Preuß

Der Wagen 970-314 fuhr bereits bei der ZOJE mit der Nummer 20. Der Interessenverband hat ihn von einer Erbengemeinschaft geliehen. Er trägt über dem Dach die Leine der Heberleinbremse (Zittau 1997). Foto: R. Preuß

Die SOEG hat den Wagen 970-437 als Barwagen hergerichtet und ihn mit den auffälligen Triebwagenfarben versehen (Zittau 1998). Foto: R. Preuß

So stellen sich die Designer die Vorderfront für die neuen Zittauer Schmalspur-Triebwagen vor. Quelle: Bombardier Tranportation Bautzen

BOMBARDIER
BOMBARDIER
TRANSPORTATION

Die Doppellokomotive Nr. 61 A/B in Zittau (um 1912).
Foto: Sammlung Paul

Noch vor der Umzeichnung von 1927: Lokomotive 198 – die sächsische Betriebsnummer steht am Kupplungsträger – im Bahnhof Bertsdorf (1924).
Foto: Sammlung R. Preuß

Eine ehemalige IV K-Lokomotive, DR 99 577 im Bahnhof Bertsdorf vor einem Güterzug nach Kurort Jonsdorf (etwa 1950).
Foto: Siebeneicher

Lokomotiven K. Sächs. Sts. E. B. Gattung IV K; DR 99^51-60

DR-Nr.	sä. Nr.	Hersteller	Baujahr	F-Nr.	von	nach	Bemerkungen
99 511	103	SMF	1892	1774	1910 Hai	1915 Gey	+ 1939
99 512	104	SMF	1892	1775	1926 Hoh	1932 Hoh	+ 1934 ?
99 521	113	SMF	1893	1934	1920 Hoh	1942 Hoh	1945 an UdSSR
99 525	117	SMF	1894	2030	1908 Rad	1912 Tbh	+ 22.5.1959
					1941 Tbh	1945 RAW Hb	
99 528	120	SMF	1896	2132	1911 Say	1926 Wil	+ 1930
99 531	124	SMF	1896	2136	1930 Ortm	1935 Hoh	1941 Kriegsverlust (UdSSR)
99 532	125	SMF	1896	2137	1896 FA		in Zittau als Versuchslok, dann nach Klotzsche; Kriegsverlust (UdSSR)
99 535	128	SMF	1898	2276	1940 Ori	1941 Ortm	1968 Verkehrsmuseum Dresden
99 546	140	SMF	1904	2049	1943 Hoh	1945 Bst/Tbh	1946 Reparation an UdSSR
99 554	144	SMF	1908	3207	1926 Rad		1945 zur ČSD
99 555	145	SMF	1908	3208	1909 Moh	1936 Hoh	1962 Reko; Denkmal in Söllmnitz
99 556	146	SMF	1908	3209	1926 Wil	1927 Müg	+ 25.3.1968
	147	SMF	1908	3210	1908 FA	1915 HF Ost	1918 Kriegsverlust
	148	SMF	1908	3211	1908 FA	1915 HF Ost	1918 Kriegsverlust (Rumänien)
99 558	150	SMF	1908	3213	1925 Wil		1945 zur »ČSD
99 570	160	SMF	1910	3420	1951 Oth	1953 Ki	+ 22.7.1967
99 575	165	SMF	1912	3557	1955 Müg	1956 Putb	+ 14.2.1968
99 577	167	SMF	1912	3559	1949 Dön	1954 Ki	+ 1971
99 578	168	SMF	1912	3560	1952 Ki	1953 Mansf	+ 17.4.1967
					1953 Rad	1954 Say	
99 581	170	SMF	1912	3592	1941 Müg	1941 Müg	1974 in Kirchberg als Denkmal aufgestellt; ++ 28.6.1983
99 585	175	SMF	1912	3557	1953 Say	1953 Say	1964 Reko; Museumslok Schönheide
99 586	176	SMF	1913	3606	1913 FA	1930 Say	1964 Reko; Radebeul Ost (nicht betriebsfähig)
99 588	178	SMF	1913	3608	1913 FA	1928 Müg	+ 3.1.1968
99 589	179	SMF	1913	3669	1913 FA	1927 Mei	+ 6.12.1966
99 590	180	SMF	1913	3670	1913 FA	1944 Epp	1964 Reko; IG Preßnitztalbahn
99 591	181	SMF	1913	3671	1913 FA	1947 Müg	+ 27.4.1967
99 593	183	SMF	1913	3713	1913 FA	1951 Müg	1963 Reko; + 1971
99 594	184	SMF	1913	3714	1913 FA	1936 Epp	1964 Reko; Putbus (nicht betriebsfähig)
99 595	185	SMF	1914	3735	1913 FA	1963 Putb	+ 17.4.1967
99 596	186	SMF	1914	3736	1913 FA	1950 Ortm	+ 1971; ++ 12.1975
99 603	193	SMF	1914	3791	1953 Müg	1953 Ki	+ 16.1.1967
99 608	198	SMF	1922	4521	1922 FA	1926 Oth	1964 Reko; 1997 Freital-Hainsberg

+	Ausmusterung
++	verschrottet
Bst	Bernstadt (Sachs)
ČSD	Tschechoslowakische Staatsbahnen
Dön	Döbeln Nord
Epp	Eppendorf
FA	Anlauf von Fabrik
Gey	Geyer
Hai	Hainsberg
Hb	Chemnitz-Hilbersdorf
HF Ost	Heeresfeldbahn Ost
Hoh	Hohnstein (Sächs Schweiz)
Ki	Kirchberg (Sachs)
Mansf	Mansfeld
Mei	Meißen-Triebischthal
Moh	Mohorn
Müg	Mügeln (b Oschatz)
Ori	Oberrittersgrün
Ortm	Ortmannsdorf
Oth	Kurort Oberwiesenthal
Putb	Putbus
Rad	Radebeul Ost
Say	Sayda
SMF	Sächsische Maschinenfabrik, vorm. Rich. Hartmann, Chemnitz
Tbh	Taubenheim (Spree)
UdSSR	Union der Sozialistischen Sowjetrepubliken

Die Lokomotive 99 701, aufgenommen etwa 1926 im Bahnhof Bertsdorf, gehört zur DR-Baureihe 99$^{67-71}$. Die Heißdampflokomotive besaß keine Laufachsen. Foto: Sammlung R. Preuß

Die Maschinen der Gattung IV K haben Verbundtriebwerk und zwei bewegliche Dampfdrehgestelle; das hintere Drehgestell trägt die Hochdruckzylinder, das vordere die größeren Niederdruckzylinder. Diese Lokomotiven der Bauart Günther-Meyer kann man heute noch fahren sehen, auch wenn sie nicht mehr original sind, weil mehrere Teile, zum Beispiel der Kessel oder manchmal der Rahmen, bei einer Generalreparatur ab 1962 - oft als Rekonstruktion bezeichnet - erneuert wurden. Das Charakteristische der Bauart, die kurvenbeweglichen Triebwerke mit Niederdruck- und Hochdruckzylinder, blieb bestehen. Die SOEG hat eine der erhalten gebliebenen Maschinen von der Döllnitzbahn (Mügeln) geliehen und läßt sie mehrmals im Jahr vor historisch aufgearbeiteten Wagen fahren. [36]

Nach dem Zweiten Weltkrieg wieder hier: Lokomotive 99 653 im Bahnhof Bertsdorf beim Wasserfassen - nun mit einer sinnreichen Losung: »Eisenbahner! Festigt die brüderliche Solidarität mit allen Werktätigen!« (etwa 1955). Foto: Siebeneicher

Lokomotive 99 685 vor einem Personenzug im Bahnhof Kurort Oybin (1952). Foto. Paul

Lokomotiven DR 99⁶⁴⁻⁷¹ (99 642 bis 99 653 ehemals Sächs. Sts. E. B. Gattung VI K)

DR-Nr.	sä. Nr.	Hersteller	Baujahr	F-Nr.	von	nach	Bemerkungen
99 642	211	Hen	1918	16123	1949 Wil	1953 Wil	1969 verkauft
99 644	213	Hen	1918	16125	1950 Wil	1953 Wil	+ 26.7.1968
99 646	215	Hen	1918	16127	1950 Wil	1953 KlC	+ 1969
99 653	222	Hen	1918	16134	1950 Wil	1953 Wil	1966 Reko; + 1974
99 658	-	SMF	1925	4647	1949 Rad	1954 Wil	
99 687		SMF	1925	4649	1938 ?	1953 Wil	Aufenthalt über 1945 unbekannt; 1964 Reko; + 1975
99 693		SMF	1926	4655	1931 Kip	1933 Hei	+ 12.7.1967 (22.11.67 RAW »DSF« Görlitz zerlegt)
99 694		SMF	1926	4656	1945 Wil	1952 Rad	1965 Reko; + 1975
99 696		Kar	1925	2323	1925 FA	1929 Hei	1966 Reko; + 1973
99 697		Kar	1925	2324	1925 FA	1929 Hei	
99 698		Kar	1925	2325	1925 FA	1926 Wil	
99 699		Kar	1925	2326	1926 FA 1947 Wil	1930 Gei 1947 Lomm	1969 Heizlok in Jöhstadt; + 1971
99 700		Kar	1926	2327	1926 FA		1945 an UdSSR
99 701		Kar	1926	2328	1926 FA 1931 Hai	1930 Hai 1939 Heil	
99 704		Kar	1926	2331	1937 Hei	1937 Heil	
99 711		SMF	1927	4648	1928 FA		1945 Reparation UdSSR
99 712		SMF	1927	4669	1941 Thu		Kriegsverlust (Polen)
99 713		SMF	1927	4670	1927 FA 1931 Kip	1929 Hei 1933 KlC	1963 Neubaukessel 10 im Raw Cottbus; 1975 aufgearbeitet für Einsatz bei Traditionszügen in Radebeul Ost (DB 099 720)
99 716		SMF	1927	4673	1927 Hai	1933 Wil	

+ außer Dienst gestellt
DSF Deutsch-sowjetische Freundschaft
FA von Fabrik
Gei Geising
Hei Heidenau
Heil Heilbronn
Hen Henschel & Sohn, Kassel
Kar Maschinenbau-Gesellschaft, Karlsruhe
Kip Kipsdorf
KlC Klingenberg-Colmnitz
Lomm Lommatzsch
Rad Radeburg
RAW Reichsbahnausbesserungswerk
SMF Sächsische Maschinenfabrik, vormals Rich. Hartmann, Chemnitz
Wil Wilsdruff

Die Lokomotive 99 738 bei einer Abnahmefahrt in Oybin (1929) mit Vertretern des Herstellers und des Raw Dresden-Friedrichstadt. Über Gestänge und Seile vor dem Schornstein wurden Diagramme zur Last- und Induzierfahrt aufgezeichnet; der Hersteller mußte zugesagte Leistungskennziffern nachweisen. Foto: Bauer

Wegen des Lokomotivmangels nach der Reparationsabgabe kamen nach dem Zweiten Weltkrieg wieder Maschinen der Baureihe $99^{51\text{-}60}$ (IV K) nach Zittau (99 575, 577, 578, 585, 591, 593, 595, 596, 603). Sie fuhren mit zwei bis drei Wagen den Ersatzzug, falls der Triebwagen nicht einsatzfähig war, oder Güterzüge mit geringer Last. Die normalen Personenzüge fuhren sie nicht. Bei fünf Personenwagen und einem Gepäckwagen war ihre Leistung in der Steigung zu schwach. Sie waren bis 1963 auch für den Rangierdienst eingesetzt.

Von den ab 1918 von der Firma Henschel in Kassel gebauten und in Sachsen als Gattung VI K eingesetzten Maschinen kamen auch einige im Jahr 1926 zum Bahnbetriebswerk Zittau und fuhren nach Hermsdorf i. B. sowie nach Oybin und Jonsdorf. Durch die Gölsdorf-Achsen mit Seitenspiel waren die Lokomotiven außerordentlich kurvengängig. Diese ersten schmalspurigen Heißdampflokomotiven für Sachsen wurden später nachgebaut. Die inzwischen gebildete Deutsche Reichsbahn-Gesellschaft bezeichnete sie als Baureihe $99^{67\text{-}71}$.

Dampflokomotiven der Deutschen Reichsbahn, der Deutschen Bahn und der Sächsisch-Oberlausitzer Eisenbahngesellschaft

Das Vereinheitlichungsbüro der Deutschen Lokomotivbau-Vereinigung legte der Reichsbahndirektion Dresden für ihre besonders stark beanspruchten Strecken den Entwurf einer noch leistungsfähigeren Lokomotive der Bauart 1'E1'h2t vor. Im Jahre 1928

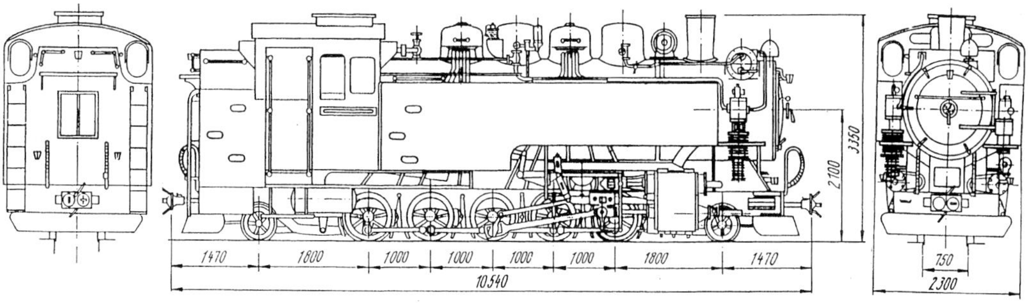

Maßskizze für Lokomotiven der Baureihe $99^{73\text{-}76}$. Zeichnung: Jünemann

Firmenschild der Lokomotive 99 741. Foto: Scheffler

Firmenschild der Lokomotive 99 759. Foto: Scheffler

kamen die ersten Lokomotiven von der Sächsischen Maschinenfabrik (29 Stück: DR 99 731 bis 99 743), weitere Lieferungen von der Berliner Maschinenbau AG, vormals Schwartzkopff, im Jahre 1929 (DR 99 744 bis 99 750) und 1933 (99 751 bis 762). Bei der Sächsischen Maschinenfabrik kostete eine dieser Lokomotiven 84 000 Reichsmark, bei der Berliner Maschinenbau AG schon 108 250 Reichsmark. Einige dieser Maschinen fahren noch heute auf der Strecke von Freital-Hainsberg nach Kurort Kipsdorf sowie bei der SOEG. Im Mai 1928 fand zwischen Zittau und Oybin die erste Probefahrt mit einer Lokomotive der neuen Baureihe $99^{73\text{-}76}$ statt, und zwar mit der Lokomotive 99 742, im Juli 1928 mit der Lokomotive 99 738. Die Lokomotive 99 741 hatte ihre Probefahrt am 11. Juli 1929 von Zittau nach Oybin und wechselte am 6. Oktober 1931 nach Hainsberg. Sie waren für Lasten zwischen Zittau und Oybin/Jonsdorf genau die richtigen Maschinen. Nach Kriegsende gehörten Lokomotiven dieser Baureihe mit zu den Objekten, die als Beutegut an die UdSSR abzuliefern waren. Am 7. Dezember 1945 wurden vier der Maschinen mit einem Dienstzug nach Potschappel umgesetzt. Die Zittauer Schmalspurbahn hatte damit nur noch eine betriebsfähige und eine schadhafte Maschine im Bestand. [21] Auch nach der Reparatur dieser Maschine im Januar 1946 mußte Ersatz für die fehlenden Maschinen geschaffen werden, denn die Schmalspurbahn war für den Berufsverkehr nach Zittau wichtig. Das geschah mit den genannten Umsetzungen von Lokomotiven der Baureihen $99^{51\text{-}60}$ und $99^{64\text{-}71}$. Weil diese Maschinen zu schwach für alle Leistungen auf der Zittauer Schmalspurbahn waren, entschloß sich die Reichsbahndirektion Dresden, wieder Maschinen der Baureihe $99^{73\text{-}76}$ von anderen Strecken abzuziehen und in Zittau zu stationieren. So kamen 1953 die Lokomotiven 99 732 und 99 762 von Thum sowie 99 746 von Oberwiesenthal, 1954 die Lokomotiven 99 735 von Oberwiesenthal und 99 741 von Wilsdruff, 1957 die Lokomotive 99 757 von Wilsdruff und 1958 die Lokomotive 99 759 von Oberwiesenthal. Als Nachzügler wurde im Jahre 1963 die Lokomotive 99 731 nach Zittau verfügt. Mit der Austauschaktion wurde zugleich im Jahre 1954

An der Schuppentür in Zittau kann das Personal das Ergebnis der Wasserwerte ablesen (1995). Foto: R. Preuß

Bertsdorf als besonderer Lokomotivbahnhof aufgelöst. Es blieb lediglich der Lokomotiv- und Kohleschuppen ohne Personal. Als weiterer Nachzügler wurde noch die Lokomotive 99 750 nach Zittau verfügt.

Einige Maschinen war nach der Reparationsabgabe nach Zittau gekommen und wurden kurzfristig wieder abgezogen (99 759 im Jahre 1947), weil vermutlich mit Maschinen der Baureihe $99^{64\text{-}71}$ Ersatz geleistet wurde. Seit 1963 und auch nach der Übergabe an die SOEG fahren – abgesehen von kurzfristigen Aufenthalten einzelner Lokomotiven der Baureihe $99^{77\text{-}79}$, der nur für den Rangierdienst vorgesehenen Lokomotive 99 4532 und der Lokomotive 099 751 (99 787) ab 1994 – zwischen Zittau und Kurort Oybin/Kurort Jonsdorf ausschließlich Maschinen der Baureihe $99^{73\text{-}76}$. Ihre Achsfolge 1'E1' gewährleistet die für den Schmalspurbahnbetrieb unbedingt notwendigen guten Laufeigenschaften in beiden Fahrtrichtungen und erlaubte die Verstärkung des Kessels bei Einhaltung einer Achslast von 9 t. Den Einheitslokomotiven der Deutschen Reichsbahn (Normalspur!) entsprechen u. a. die Bauart von Kessel und Rahmen, die Steuerung, die Federung und der Lastenausgleich. Durch die Kesselhöchstleistung von 588 kW (800 PSi) kann die Lokomotive bei der höchstzulässigen Geschwindigkeit von 30 km/h (hier vorgesehen 25 km/h) bei voller Kesselauslastung in der Ebene 570 t befördern. Mit der Spurkranzschwächung des Treibradsatzes (dritte Achse), der Verschiebbarkeit der anderen Radsätze und der Deichselausschlagmöglichkeit von 120 mm nach jeder Seite können Kurven mit einem Radius von 50 m durchfahren werden. Um das zu ermöglichen, gab man den in einer Deichsel (Bisselgestell) gelagerten Laufachsen je 120 mm Seitenausschlag sowie der 2. und 5. Kuppelachse je 6 mm Seitenverschiebbarkeit, die Treibachse erhielt um 10 mm geschwächte Spurkränze. Die Lokomotiven dieser Baureihe haben einen durchgehenden Barrenrahmen. Der Wasservorrat befindet sich in langen Behältern beiderseitig des Kessels. Drei versenkte Fußtritte gestatten das Besteigen der Wasserkästen. Der Kohlekasten an der Rückseite des Führerhauses schließt mit einer senkrecht dreifach geteilten Schleusentür zum Führerstand hin ab. An Bremseinrichtungen besaßen diese Lokomotiven ursprünglich eine selbsttätig wirkende Einkammerdruckluftbremse Knorr einschließlich einer Zusatzbremse, eine Wurfhebelbremse, eine Körting-Luftsaugevorrichtung für die im Wagenzug vorhandenen Vakuumbremsen, eine Ausrüstung zum Bedienen der Heberleinbremsen in den Wagen und eine Riggenbach Gegendruckbremse. Die beiden letzteren wurden später wieder ausgebaut. Wenn die Luftsaugebremse für den Zug betätigt wurde, sprach automatisch gleichzeitig die Druckluftbremse für die Lokomotive an.

Für die Heberlein-Leinenbremse hatten die Maschinen folgende Vorrichtungen: innerhalb der Führerhausrückwand eine Leinenhaspel mit großer Trommel für den Bremsvorgang, außerhalb der Führerhausrückwand, auf dem Dach, am vorderen Sandkasten, am Schornstein und an der Rauchkammerstirnwand Lenk- und Führungsrollen. Die Tieftondampfpfeife kann wie bei den normalspurigen Einheitslokomotiven durch ein Zweistufenventil in zwei Lautstärken betätigt werden. Vor dem Schornstein auf der Rauchkammer befindet sich ein Druckluft-Läutewerk, bei dem durch Druckluftimpulse eine Stahlkugel gegen den Innenrand der Glocke geschlagen wird. Während bei den zuerst gelieferten Lokomotiven 99 731 bis 99 743 an der Kohlenkastenrückwand zwei Gasbehälter für die Beleuchtung angebracht waren, wurden alle weiteren Lokomotiven mit elektrische Beleuchtung ausgerüstet. Die Gasbeleuchtungen tauschte man später gegen elektrische aus.

Nach 1965 verbesserte man die verbliebenen Lokomotiven dieser Baureihe verschiedentlich, wobei sich jedoch das äußere Gesamtbild nicht veränderte. Beispielsweise wurden die alten genieteten Kessel durch geschweißte Neubaukessel ersetzt. Zur Verbesserung der Kurvenläufigkeit und Herabsetzung des Radreifenverschleißes legte man die erste und fünfte Kuppelachse fest, gab der zweiten und vierten Kuppelachse je 24 mm Seitenverschiebbarkeit und entfernte den Spurkranz an der Treibachse völlig. Die druckluftbetätigten Eckventile über dem Schiebergehäuse tauschte man gegen Trofimoff-Schieber aus, um einen besseren Leerlauf zu erreichen.

Nachdem es bei Normalspur-Lokomotiven die Ölhauptfeuerung schon seit Jahrzehnten gab und die Reichsbahndirektion Magdeburg bei der Harzquerbahn (Meterspur) Lokomotiven auf diese Feuerungsart umrüsten ließ, beauftragte die Zentralstelle Maschinentechnik der Deutschen Reichsbahn im Jah-

Lokomotiven der DR BR 99^{73-76} und 99^{77-79}

DR-Nr.	DB-Nr.	SOEG-Nr.	Hersteller	Baujahr	F-Nr.	von	nach	Bemerkungen
99 731	099 722	99 731	SMF	1928	4678	1931 Oth 1963 Hai	1931 Hai	1965 Reko; Z 01 /1994; + 2/1996; 1996 an SOEG (Zittau)
99 732	-	-	SMF	1928	4679	1953 Oth		+ 1974, ++ 10.12. 1975 Raw Görlitz
99 734	099 723		SMF	1928	4681	1956 Hai	1956 Haiq	1964 Reko
99 735	099 724	99 735	SMF	1928	4682	1953 Oth		1965 Reko; 1993 Ölfeuerung; 1996 an SOEG (Zittau)
99 736	-	-	SMF	1928	4683		??? Oth	1945 Reparation UdSSR
99 737	-	-	SMF	1928	4684			1945 Reparation UdSSR
99 738	-	-	SMF	1928	4685	1928 FA 1937 Hai 1937 Hai	1931 Hai 1945 Hai ? Hai	+ 12.6.1968
99 740	-	-	SMF	1928	4687	1929 FA	1931 Hai	+ 1973
99 741	099 725	-	SMF	1928	4691	1929 FA 1954 Hai	1931 Hai 1992 Hai	1966 Reko
99 742	-	-	SMF	1928	4692	1929 FA 1947 Hai 1954 Thu	1930 Wil 1948 Thu ? Oth	+ 7.8.1967
99 744	-	-	Schw	1929	9533	1929 FA	1940 Hai	1946 an UdSSR
99 746	099 726	-	Schw	1929	9535	1953 Oth	1984 Hai	1965 Reko
99 748	-	-	Schw	1929	9537	1930 FA		1946 an UdSSR
99 749	099 728	99 749	Schw	1929	9538	1929 FA 1953 Oth 1954 Thu	1949 Oth 1954 Thu	1965 Reko; 1993 Ölfeuerung, 1996 an SOEG (Zittau)
99 750	099 729	99 750	Schw	1929	9539	1929 FA 1973 Hai	1931 Oth	1964 Reko; 1992 Ölfeuerung; 1996 an SOEG (Zittau)
99 753	-	-	Schw	1933	10144	1933 FA		1946 an UdSSR
99 754	-	-	Schw	1933	10145	1933 FA	1950 Hai	
99 756	-	-	Schw	1933	10147	1933 FA		1946 an UdSSR
99 757	099 730	99 757	Schw	1933	10148	1946 Thu 1957 Hai	1948 Thu	1965 Reko; z 11/ 1995; + 2/1996; 1996 an SOEG (Zittau)
99 758	099 731	99 758	Schw	1933	10149	1949 Thu		1966 Reko; 1992 Ölfeuerung; 1996 an SOEG (Zittau)
99 759	099 732	-	Schw	1933	10150	1947 Oth 1953 Oth 1958 Oth	? Oth 1958 Oth 1993 Oth	1963 Reko, abgestellt in Kurort Oberwiesenthal, nicht betriebsfähig (BVO)

99 760	099 733	99 760	Schw	1933	10151 1953 Oth		1966 Reko, 1991 Ölfeuerung; 1996 an SOEG (Zittau)
99 762	099 735	-	Schw	1933	10153 1953 Thu	1991 Hai	1966 Reko
99 787	099 751		LKM	1955	1320281993 Oth[1]		1966 Reko, Ölfeuerung; 1996 an SOEG (Zittau)

\+ außer Dienst gesetzt ++ zerlegt [1] über Raw Görlitz mit Umbau auf Ölfeuerung

BVO	Busverkehr Ober- und Westerzgebirge GmbH; BVO Bahn GmbH
FA	von Fabrik
Hai	(Freital-)Hainsberg
LKM	Lokomotivbau »Karl Marx«, Babelsberg
Oth	Oberwiesenthal
Schw	Berliner Maschinenbau-Aktien-Gesellschaft, vormals L. Schwartzkopff
SMF	Sächsische Maschinenfabrik, vormals Rich. Hartmann, Chemnitz
Thu	Thum
UdSSR	Union der Sozialistischen Sowjetrepubliken
z	abgestellt

re 1991 das Reichsbahnausbesserungswerk Görlitz, die Lokomotive 099 733 (ex 99 760) als erste Maschine der Spurweite von 750 mm auf Ölhauptfeuerung umzustellen. In [39] wird als Grund die Umweltbelastung durch Verbrennungsabgase, respektive Kohlefeuerung, angegeben. In Wirklichkeit waren Kohlebunkerung und die Heizertätigkeit unbeliebt und verstärkten beim Personal den Eindruck, mit veralteten Maschinen zu fahren.

Für die umzustellenden Maschinen war Mineralheizöl vorgesehen, also nicht das bei den Normalspur-Lokomotiven verwendete Schweröl. Als Umbauten waren auszuführen:

- Veränderung am unteren Stehkessel für den Brenner
- Auslegen der Feuerbüchse mit Silikatbausteinen
- Befestigung des Brenners bei Verkürzung der Überhitzerelemente
- Montage der Kraftstoffleitung und des Tankanschlusses
- Einbau einer schnell wirkenden, elektronisch gesteuerten Flammensicherung, die bei Abriß der Flamme den Kraftstoffzufluß sperrt
- Einbau des Ölbehälters mit 1900 l Fassungsvermögen (099 751: 2900 l) anstelle des Kohlebehälters.

Gegenüber den normalspurigen »Öl-Lokomotiven« war auch neu, daß nicht nur ein Schlitzbrenner verwendet, sondern ein Brenner mit Zerstäuberplatte eingebaut wurde, der die zuführende Energie auf das nur notwendige Maß begrenzt. Für den Brennerbetrieb mußte nicht die schon für die Lokomotiv- und Wagenbeleuchtung vorhandene Lichtmaschine benutzt werden, eigens dafür war eine zweite eingebaut worden (500 W, 24 V).

Am 20. Januar 1992 fuhr die Lokomotive 099 733 (ex 99 760) gemeinsam mit der kohlegefeuerten Lokomotive 099 722 (99 731) die erste Lastprobefahrt von Zittau nach Kurort Oybin [38]. Meßfahrten vom 10. bis 14. Februar 1992 bestätigten die Betriebstauglichkeit der Feuerungsart. Für Zittau wurden weiterhin die Lokomotiven 099 724 (99 735), 099 728 (99 749) 099 729 (99 750), 099 731 (99 758) und 099 751 (99 787) auf Ölhauptfeuerung umgebaut, so daß vom Sommer 1993 an ausschließlich ölgefeuerte Lokomotiven in Zittau abfuhren. Die noch vorhandenen kohlegefeuerten Maschinen waren abgestellt worden.

Da die Umstellung auf Ölhauptfeuerung nicht nur bei den Lokomotiven der Baureihe $99^{73\text{-}76}$ (nach DR-Bezeichnung) vorgesehen war, sondern auch für die auf anderen Strecken fahrenden Lokomotiven der Baureihe $99^{77\text{-}79}$, wurde die Lokomotive 099 751 (ex 99 787) entsprechend umgerüstet, und mit ihr fanden Meßfahrten zwischen Zittau Vorstadt und Kurort Jonsdorf vom 17. bis 19. Mai 1994 statt. Dabei fiel dem Meßpersonal der stetige schwarze Rauchpilz und das laute Brennergeräusch

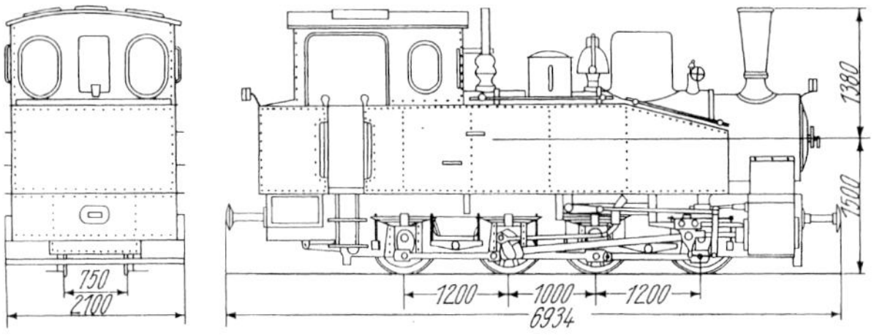

Maßskizze zur Lokomotive 99 4532
Zeichnung: Malsch

auf. Daraufhin wurde seitens des Zug- und Lokomotivpersonals Kritik an der Ölhauptfeuerung wegen des Lärms und ständiger Belästigung durch Dieselabgase vorgetragen. Auch Anwohner beobachteten die »pechschwarzen Rauchpilze« mit Mißtrauen. Von Umweltfreundlichkeit der Ölhauptfeuerung war nun nicht mehr die Rede. Man vermißte die Prüfung auf Umweltverträglichkeit. Zum 30. September 1999 läuft die Zulassung der Ölhauptfeuerung ab. Es folgte eine Empfehlung, mit solchen Lokomotiven nicht mehr nach Kurort Oybin zu fahren, liegen doch Bahnhof und die Strecke bei Teufelsmühle mitten im Trinkwasserschutzgebiet. Der radikale Arbeitsplatzabbau bei der Deutschen Bahn machte offenbar auch den Arbeitsplatz des Steinkohle feuernden Heizers weniger unbeliebt. 1996/97 baute das Reichsbahnausbesserungswerk Görlitz die Zittauer Maschinen 99 735 und 99 758 wieder auf Kohlefeuerung um, da die SOEG seit Beginn der Übernahmeverhandlungen kein Interesse an den ölgefeuerten Lokomotiven zeigte. [40]

Mit der Lokomotive 099 751 (99 787) war eine der Baureihe $99^{73\text{-}76}$ ähnliche Lokomotive nach Zittau gekommen. Sie gehört zu den Maschinen, die die Deutsche Reichsbahn in den Jahren 1952 bis 1956 vom Lokomotivbau »Karl Marx«, Babelsberg, bezog und unter $99^{77\text{-}79}$ einreihte. Die Maschinen hatten ihr Vorbild in der Baureihe $99^{73\text{-}76}$, sonst waren die moderneren Erkenntnisse der Lokomotivbaus wie geschweißter Kessel, Blechrahmen und zwei saugende Dampfstrahlpumpen als Speiseeinrichtung berücksichtigt. Der Not geschuldet war die für Braunkohlefeuerung geeignete größere Rostfläche. Die Lokomotiven bewährten sich auf Strecken des Erzgebirges, von Radebeul Ost nach Radeburg, in Thüringen, kamen aber bis 1993 nicht nach Zittau. Die SOEG sieht vor, die ihr mit Ölfeuerung übergebene Maschine 99 787 vorerst nicht auf Kohlefeuerung umzurüsten, sondern konserviert abzustellen. Die Lokomotive 99 731 soll als kohlegefeuerte Maschine eine Hauptuntersuchung erhalten. Die Lokomotive 99 749 wird wieder auf Kohlefeuerung zurückgebaut, so daß der SOEG wieder vier Lokomotiven dieser Baureihe mit Kohlefeuerung für den täglichen Einsatz zur Verfügung stehen.

Ein Außenseiter war die Lokomotive 99 4532 (Bauart Dn2t), die seit 1963 für Rangierarbeiten in Zittau eingesetzt wurde. Orenstein & Koppel, Drewitz, hatte sie 1924 nach Thüringen für die Trusebahn geliefert (1966 stillgelegt), und von dort kam sie über den Umweg Putbus am 9. Juli 1963 nach Zittau. Der Neigung zu Entgleisungen wurde mit einem Gewicht auf dem Luftsauger begegnet. 1990 war die Kesselfrist abgelaufen. Zum Rangieren wird sie nicht mehr gebraucht. Der Interessenverband Zittauer Schmalspurbahnen würde sie gern für Sonderzüge benutzen, doch konnte er bisher nicht die Mittel für einen neuen Kessel aufbringen. So bleibt die seltene Lokomotive abgestellt.

Dieseltriebfahrzeuge

Bis 1951 gab es Dieseltriebfahrzeuge auf sächsischen Schmalspurstrecken nur auf den von Zittau ausgehenden Strecken. Im Jahr 1938 lieferte der Waggon- und Maschinenbau, vormals Busch, Bautzen, vier Triebwagen, denen eine Serienfertigung folgen sollte. Die Rbd Dresden sah vor, mit den im Einmannbetrieb fahrenden Triebwagen den Zugverkehr auf den sächsischen Schmalspurstrecken zu modernisieren und wirtschaftlicher zu gestalten und hatte mit der Bautzener Firma einen Liefervertrag abgeschlossen. Zur großen Serie kam es nicht, der Zweite Weltkrieg verhinderte den Weiterbau. Von den vier dem Bahnbetriebswerk Zittau zugewiesenen Triebwagen waren zwei mit je einem Gepäckabteil (mit Klappsitzen und Fahrradständer) mit 4,5 m^2 Nutzfläche ausgestattet. Zum Heizen dienten die vom Motorkühlwasser gespeisten Heizkör-

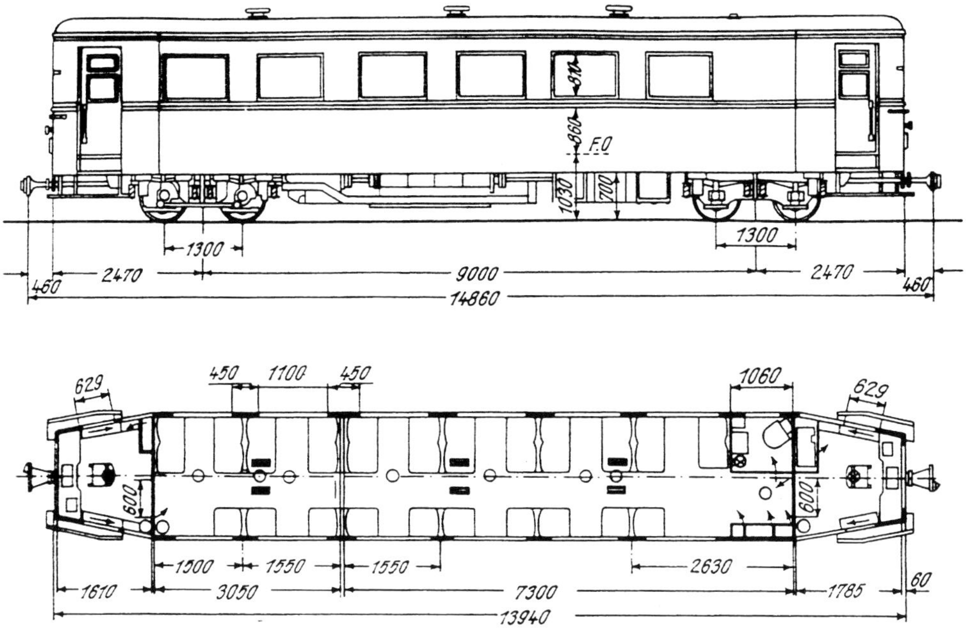

Maßskizze zu den Triebwagen VT 137 322 und VT 137 324

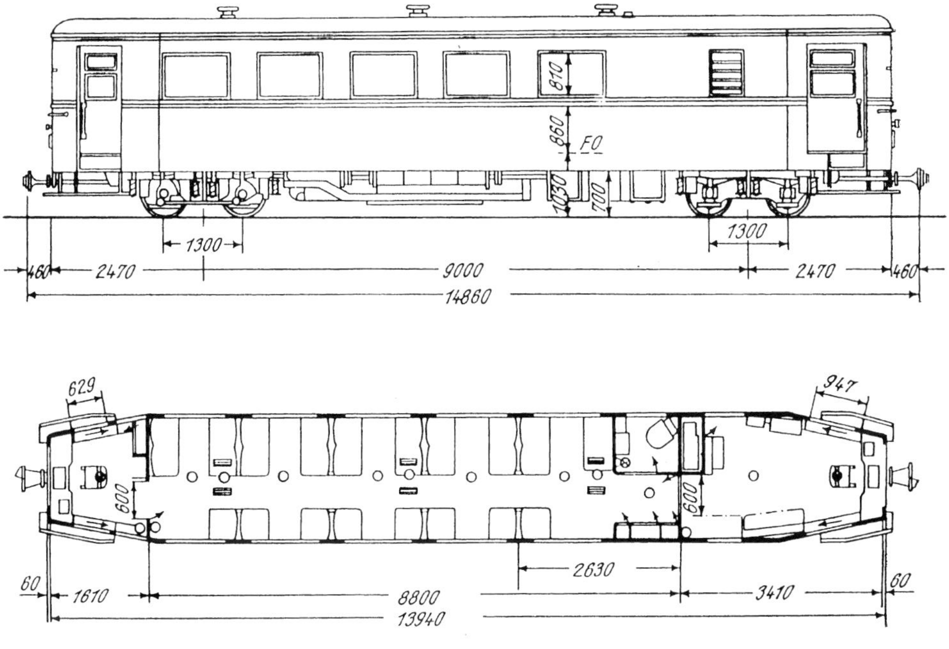

Maßskizze zu den Triebwagen VT 137 323 und VT 137 325

Zwei Triebwagen als ein Zug kurz vor dem Bahnhof Kurort Oybin (vor 1941). Foto: Sammlung R. Preuß

per, die auch das Warmwasser von einem Unterflurkoksofen erhalten konnten. Zur Beleuchtung sorgte eine Lichtmaschine mit 24 V Gleichspannung. Die liegenden Zylinder des wassergekühlten Dieselmotors erlaubten die Verwendung als Unterflurmotor. Die erste Achse wurde über ein Strömungs- und ein Radsatzwendegetriebe angetrieben. Bei der anderen Achse war der Antrieb wegen der beengten Platzverhältnisse im Triebdrehgestell nur über außenliegende Kuppelstangen mit kurzem Radstand von 1300 mm möglich. Erstmalig für Dieseltriebfahrzeuge wurde die automatische Stufenschaltung mit Auf- und Absteuerung eingebaut. Die Triebwagen besaßen wegen des Einmannbetriebes eine wegeabhängige Sicherheitsfahrschaltung (»Totmannskopf«), die bei Geschwindigkeiten bis 15 km/h (Rangierfahrten) unwirksam geschaltet werden konnte. Von einem Führerstand aus war es möglich, mehrere Triebwagen zu steuern. Sie besaßen ursprünglich einen ausschließlich weinroten Anstrich mit abgesetztem grauen Streifen, der 1951 in Rot-Elfenbein beim VT 137 322 verändert wurde (Untergestell: schwarz; Dach: hellgrau). An den Einstiegen waren Schiebetüren eingebaut. Die Sitzbänke bestanden aus Leichtmetallrohr und Eschenholzlatten.

Dieseltriebfahrzeuge der Strecke Zittau–Oybin/Jonsdorf (DR)

Nummer	Achsfolge	Hersteller	Baujahr	Fabriknummer	Zugang von	Abgang nach	Bemerkungen
VT 137 322	B'2'	Busch	1938		1938 Herst		1998 noch abgestellt
VT 137 323	B'2'	Busch	1938		1938 Herst		
VT 137 324	B'2'	Busch	1938		1938 Herst		
VT 137 325	B'2'	Busch	1938		1938 Herst		
VT 137 600	2'(1A)(A1)2'		(1951)		1954 Wil	1957 Put	
V 36 4801	B'B'	LKM	1960	656 014/I	1962 Wil		+ 1964
V 36 4802	B'B'	LKM	1960	656 014/II	1962 Wil		+ 1964

Busch Waggon- und Maschinenfabrik A. G. vorm. Busch, Bautzen
Herst Hersteller
LKM Lokomotivbau »Karl Marx« Babelsberg
Put Putbus
Wil Wilsdruff

Technische Daten zu Dieseltriebfahrzeugen

Bezeichnung		VT 137 322 - 325	VT 137 600	V 36 4801 - 4802
Baujahr	-	1938	1951[1]	1961
Achsfolge	-	B'2'	2'(1A)(A1)2'	B'B'
Länge über Kupplung	mm	14 860	33 360	12 100
Höchstgeschwindigkeit	km/h	60[2]	30	30
Motortyp	-	Vomag	6 KVD	6 KLVD
Motorleistung	kW (PS)	132,4 (180)	2 x 55,16 (75)	2 x 132,4 (180)
Arbeitsverfahren	-	Viertakt	Viertakt	Viertakt
Zylinderzahl	-	8	6	6 in Reihe
Getriebebauart	-	hydraulisch (Voith)	mechanisch (Mylius)	hydraulisch
Fahrzeugmasse	t	21,0	39,0	40,0
Sitzplätze	-	28[3]/34	36	-

1 Umbau
2 nach Probefahrt auf 45 km/h herabgesetzt
3 VT 137 323 und VT 137 325

Als planmäßige Züge fuhren die Triebwagen vom 7. Juli 1938 bis 2. September 1939 sowohl auf der Strecke von Zittau nach Hermsdorf i. B. [als Sonderfahrten sogar bis zum böhmischen Bahnhof Friedland [Frýdlant] als auch von Zittau nach Kurort Oybin und Kurort Jonsdorf. Die Laufleistung soll jedoch gering gewesen sein. Die Triebwagen besaßen nur Sitzplätze 3. Klasse. Zu unterschiedlichen Zeitpunkten wurden sie von der Deutschen Reichsbahn, die sie in die Reihe 137 mit den Ordnungsnummern 322 bis 325 einordnete (die Nummern 301 bis 321 blieben unbesetzt), abgenommen und in Betrieb gesetzt (Tabelle S. 108). Mängel beim VT 137 322 führten dazu, ihn erst im Oktober 1938 abzunehmen und einzusetzen. Die Triebwagen fuhren im Zweierverbund, was die Vielfachsteuerung erlaubte. Bei mehr als zwei Fahrzeugen mußte ein zweiter Triebwagenführer mitfahren, weil die Steuerung und Überwachung nur zweier Anlagen möglich war. Zur Verständigung zwischen den beiden Triebwagenführern diente eine Klingelleitung, deren Kupplungsstelle sich an der Stirnwand befand. Beim Kuppeln der Fahrzeuge verband die Scharfenbergkupplung gleichzeitig die Luftleitungen und die elektrischen Steuerleitungen. Gebremst wurde mit der Klotzbremse als Druckluftbremse Hildebrand-Knorr, zu der das Triebwagensteuerventil Hikpt gehörte. Außerdem gab es am Führerstand ein Handrad für die auf ein Drehgestell wirkende Handbremse.

Vorgesehen waren als Höchstgeschwindigkeit 50 km/h. Sie wurde jedoch bereits im Jahre 1939 auf 45 km/h herabgesetzt, indem die sekundären Getriebezahnräder ausgewechselt wurden. Die Triebwagen sollen bei Geschwindigkeiten über 40 km/h so stark geschlingert haben, daß Entgleisungen zu befürchten waren. Beim Publikum waren die Triebwagenzüge recht beliebt.

Weil es kriegsbedingt an Treibstoff mangelte, wurden die Triebwagen 1939 in Zittau abgestellt. Im Jahre 1943 wurden die Fahrzeuge zur Reichsbahndirektion Posen für die Wehrmacht verfügt, die sie auf einer oder mehreren Schmalspurstrecken mit 750 mm Spurweite brauchte. Der VT 137 322 verblieb jedoch in Zittau, weil er angeblich beim Abzug vom Abstellgleis entgleist sei.

Die Wehrmacht brauchte offenbar nur ein Fahrzeug als Triebwagen und ließ zwei zum Reichsbahnausbesserungswerk Dessau überstellen. Dieses rüstete die VT 137 323 und VT 137 324 als Reisezugwagen um und lieferte sie nach Kroßnitz (polnisch Krosnievice). Zum Kriegsende übernahm die Polnische Staatsbahn die Fahrzeuge, der ehemalige VT 137 323 war zuletzt bei der Schmalspurbahn Trebnica (bei Breslau). Nach [41] ist der aus dem VT 137 324 entstandene Reisezugwagen erst 1947 von der DR an die PKP übergeben worden.

Der in Zittau verbliebene VT 137 322 wurde nach Kriegsende am 16. März 1947 wieder in Be-

Dem Triebwagen VT 137 322, in Rot-Elfenbein gespritzt, wurde ein C4tr-Wagen beigestellt, der in den gleichen Farben fuhr. Kurort Oybin 1952 mit Triebwagenführer Neumann. Foto: Siebeneicher

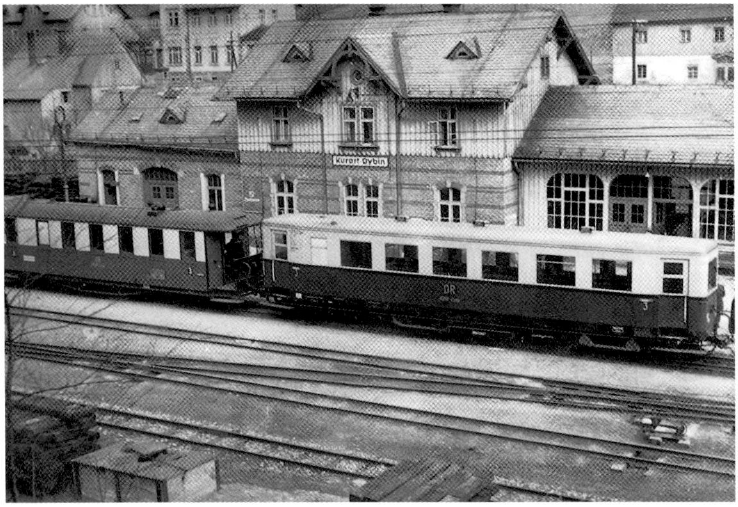

VT 137 322 in Kurort Oybin. Neben den Einstiegstüren die 3 für die Wagenklasse und das Wendeschild »Nichtraucher«, das Eigentumsmerkmal »DR« trägt den Zusatz »USSR-Zone« (1952).
Foto: Paul

trieb genommen. Jetzt mangelte es an Lokomotiven und Steinkohle. Die Wartung war für die Zukunft gesichert, da die in Dessau aus den anderen Triebwagen ausgebauten Motoren noch vorhanden waren und nach Zittau kamen. Die »Partei der Arbeiterklasse« nutzte die Wiederinbetriebnahme für ihre politischen Ziele und behängte am 16. März das Fahrzeug mit der Losung »Daß ich fahre verdanke ich der SED.« Der eine Triebwagen reichte nicht aus, ab 1948 wurde angeordnet, Fahrkarten für den Triebwagenzug zu kontingentieren. Außerdem wurden zwei Traglastenwagen (970 280 und 970 239) als Beiwagen umgebaut, indem sie eine Druckluftbremse und eine Leitung für die Saugluftbremse erhielten, und es wurde ein Arbeitsplatz für den Zugführer eingebaut (nicht verschließbares Abteil mit Schreibplatz und Ablageregal). Um die Fahrzeuge als Beiwagen deutlich zu kennzeichnen, weil diese ja im Gegensatz zu den grünen Wagen mit Druckluftbremse und der Leitung für die Saugluftbremse ausgestattet waren, erhielten sie den gleichen Farbanstrich wie der Triebwagen. In der Regel fuhr der VT 137 322 mit nur einem Beiwagen.

Später sind weitere zwei Fahrzeuge zu Beiwagen umgebaut worden (u. a. 970 255). Sie wurden bei Fahrgastspitzen am späten Nachmittag (meist an

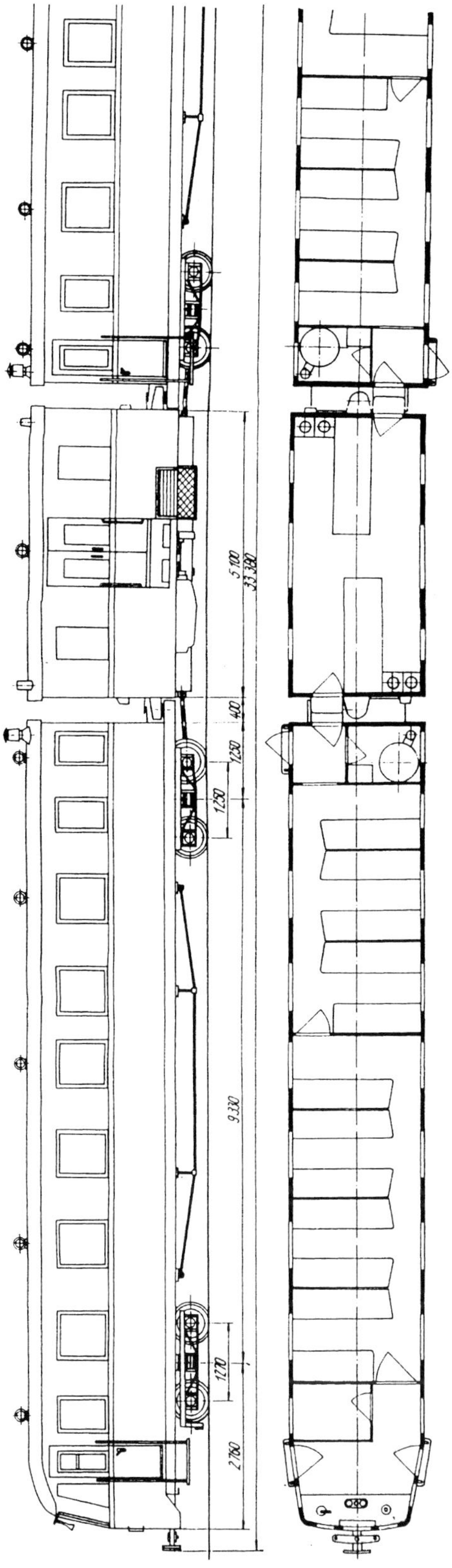

Sonntagen) eingesetzt, wenn die Ausflügler wieder nach Zittau zurück wollten. Dampfzüge beförderten die zwei Wagen nach Kurort Oybin. Dabei liefen sie als »Leitungswagen« – die Druckluftbremsen waren ausgeschaltet – an der Spitze des Zuges. Talwärts wurden die Wagen dann dem Triebwagen beigestellt, so daß der VT 137 322 mitunter mit drei Beiwagen fuhr. In der Steigung zwischen Zittau Haltepunkt und Zittau war das nicht zu schaffen. Man koppelte die Beiwagen – bis auf einen – spätestens in Zittau Süd ab. Ein Güterzug brachte sie am nächsten Tag nach Zittau oder nach Kurort Oybin.

Als genügend Dampflokomotiven in Zittau vorhanden waren, fuhr der Triebwagen als Anschluß von Bertsdorf nach Kurort Jonsdorf, in verkehrsschwachen Zeiten und als Vorzug an Sonntagen zwischen Zittau und Kurort Oybin. Nicht immer reichten die Sitzplätze aus, besonders beim Anschluß nach Jonsdorf, und es gab Beschwerden. So wurde der Triebwagen 1964 abgestellt und zum Fahrzeug des Verkehrsmuseums Dresden erklärt. [42] [43]

1954 kam ein anderer Triebwagen nach Zittau, der die Betriebsnummer VT 137 600 trug und wegen seiner drei Glieder scherzhaft mit »Lindwurm« bezeichnet wurde. Während des Zweiten Weltkriegs waren mehrere Teile eines Triebwagens aus Lettland nach Sachsen gekommen, die im Bahnhof Wolkenstein standen. Bei dem amerikanischen Luft-

Maßskizze zum Triebwagen VT 137 600.
Zeichnung: Jünemann

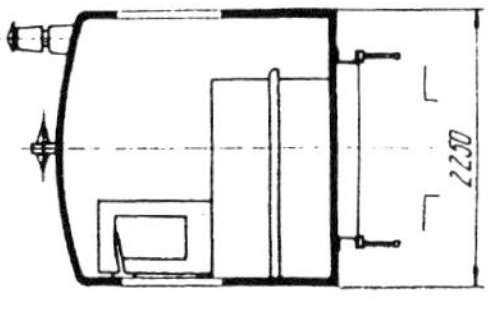

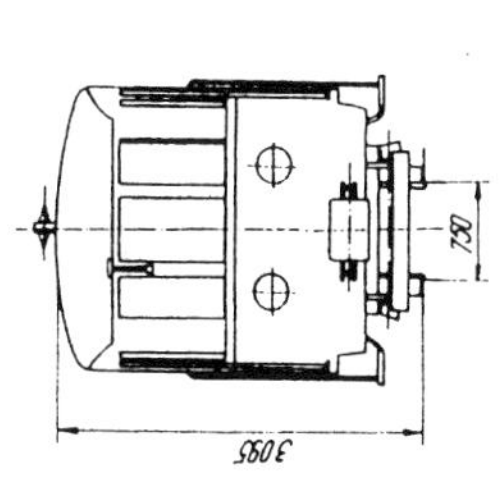

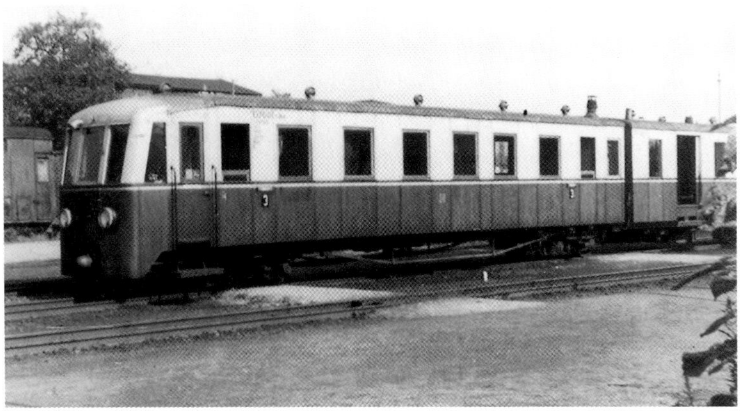

Triebwagen VT 137 600 in Olbersdorf Oberdorf (1956). Foto: Bauer

Maßskizze zu den Diesellokomotiven V 36 4801 - 4802. Zeichnung: Jünemann

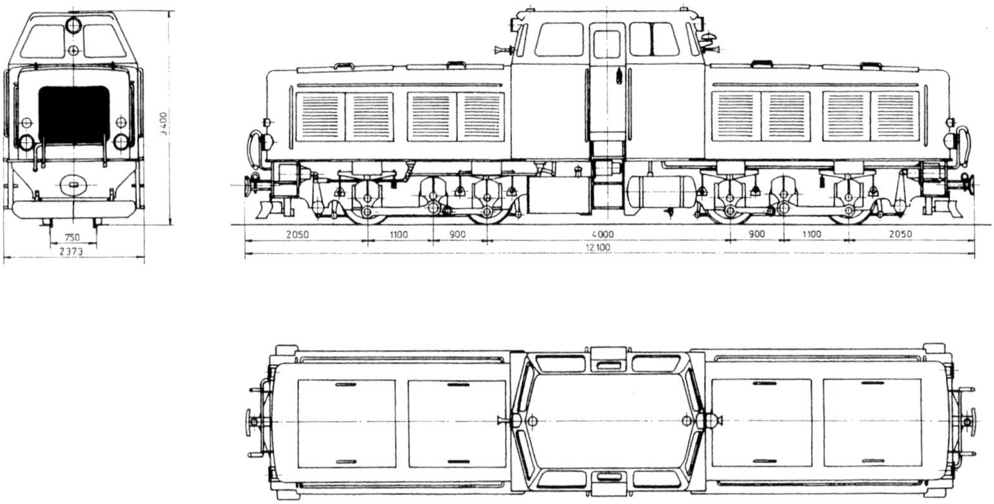

angriff auf Wolkenstein wurden die Fahrzeugteile schwer beschädigt. Aus den ausgebrannten Teilen setzten Eisenbahner im Bahnbetriebswerk Dresden-Pieschen das dreiteilige Fahrzeug zusammen, und es wurde zum 1. Mai 1951 als VT 137 600 in Freital-Potschapel für die Strecke nach Nossen in Betrieb genommen und drei Jahre später nach Zittau abgegeben.

In den beiden längeren Fahrzeugteilen befand sich der Fahrgastraum, das kleine Mittelteil enthielt die Maschinenanlage. Hier war noch Platz für Gepäck und die Zugbegleiter. Der Triebwagen besaß zwei Motoranlagen und erhielt nach einem Umbau in Zittau eine Wasserumlaufheizung, wobei die Ofenanlage in den Motorwagen verlegt wurde. Auch ersetzte man die einlösige Bremse durch eine für Gebirgsstrecken günstigere mehrlösige. Der Kraftstoffbehälter befand sich im Motorwagen. [44] Der »Lindwurm« mit seinen lauten Motorgeräuschen fiel an der Strecke auf, sah aber sonst nicht sehr elegant aus. Bei den Eisenbahnern war er wegen seiner Ausfallhäufigkeit nicht sehr beliebt, die Motorenanlage für die Strecke ins Zittauer Gebirge zu schwach, und so wurde er 1957 gern ins Flachland, auf die Insel Rügen, weitergereicht.

Im Jahre 1962 trafen die Diesellokomotiven V 36 4801 und V 36 4802 in Zittau ein. Die Baureihe war als Ersatz für die Lokomotiven der Bau-

Diesellokomotive V 36 4801 in blauer Lackierung, abgestellt auf dem Bahnhof Zittau (1963). Foto: R. Preuß

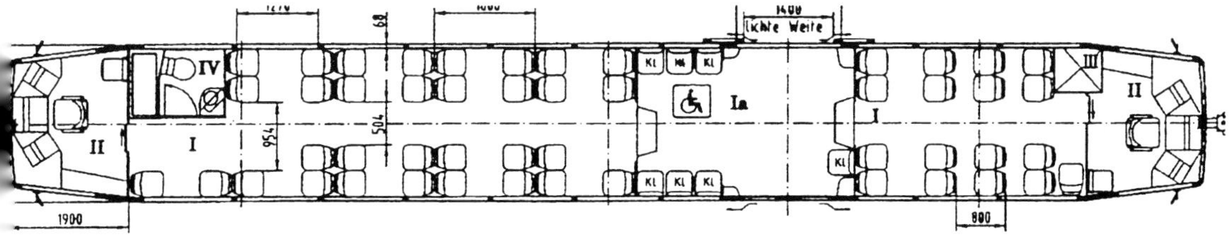

Grundriß für den neuen Schmalspur-Triebwagen. Quelle: Bombardier Tranportation Bautzen

reihe 99^{51-60} gedacht, und nach Wilsdruff sollte in Zittau die Erprobung der ersten beiden Maschinen fortgesetzt werden. Ihr Einsatz war von sehr kurzer Dauer, dann blieben sie abgestellt und wurden schließlich hier zerlegt. Zur besseren Kurvengängigkeit hatte man sie als Gelenklokomotiven gebaut. Ein Hilfsdieselaggregat lieferte den Strom für die Vakuumpumpe, den Druckluftkompressor und die Zündanlage des selbsttätigen ölgefeuerten Heizkessels. Die Leistung beider Antriebsmaschinen betrug jeweils 132 kW (180 PS). Die zulässige Last in der Steigung von 1 : 30 wurde auf 100 t beschränkt, weniger als bei Übergabefahrten zum Anschluß Holz-. und Imprägnierwerk in Olbersdorf vorgesehen war (135 t). In der Ebene von Zittau Süd nach Zittau Vorstadt waren bei Güterzügen über 300 t zu ziehen, allerdings von den Lokomotiven der Baureihe 99^{73-76}, doch für was sonst sollten die Diesellokomotiven hier verwendet werden? Hier brauchte man sie nicht, andere Strecken wollten sie auch nicht haben.

Die Wagen

Mit Betriebseröffnung besaß die Zittau-Oybin-Jonsdorfer Eisenbahn nur sieben Wagen mit 230 Sitzplätzen (davon 18 in der II. Klasse) in ihrem Bestand. Sie kamen von einer Kölner Waggonfabrik. Die Sitzwagen hatten Drehgestelle – während auf den Staatsbahnstrecken die Züge überwiegend noch die kleinen Zweiachser fuhren – und waren, gemessen an den heutigen Ansprüchen, recht einfach eingerichtet. Zur Heizung dienten ein oder zwei sogenannte Regulierungsöfen für Koks oder Holzkohle, für die Beleuchtung Öllämpchen. Die Öfen wurden nur im Winter aufgestellt, dafür mußte auf jeweils einen Sitz verzichtet werden. Eine Toilette fehlte. Sämtliche Wagen besaßen die Einrichtung für die Heberleinbremse, die im Regelfall vom Lokomotivführer bedient wurde, der auf der Lokomotive mit einer Haspel das Seil spannte oder lockerte. Die Heberleinbremse war eine aus wirtschaftlicher Sicht sparsame Bremse, die schon durchgehend und selbsttätig

Personenwagen ZOJE Nr. 10 vor der Auslieferung in Görlitz (1891). Der Wagen mit den vielen Fenstern und Querbänken soll sich der Gunst des Publikums erfreut haben. Foto: AG für Fabrikation von Eisenbahnmaterial in Görlitz

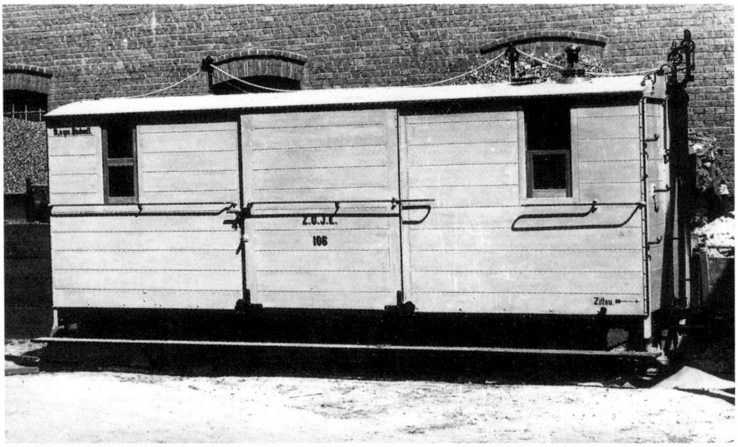

Zweiachsiger Zugführerwagen der ZOJE Nr. 106. An der Seitenfläche rechts unten ist mit einem Pfeil »Zittau« angeschrieben. Der Wagen mußte wegen der ungleichen Trichterkupplung in einer bestimmten Richtung eingesetzt werden. Foto: AG für Fabrikation von Eisenbahnmaterial in Görlitz

wirkte, d. h. von der Lokomotive aus konnte die Bremse jeden Wagen ansprechen, bei Zugtrennung riß die Seilverbindung, und die Bremsen wirkten. Charakteristisch für die Heberleinbremse ist die über die Wagen gespannte Leine. Zwischen den Wagen mußte sie gekuppelt werden.

Die ZOJE fuhr ihre Züge mit II. und III. Klasse, die Wagen Nr. 15 und 16 besaßen Umsteckschilder, mit denen man je nach Bedarf die II. oder die III. Klasse festlegen konnte. Galt für ein Abteil des Wagens die II. Klasse, steckte das Personal das Schild »II« an und legte Roßhaarkissen auf die Sitze.

Als Zugführerwagen sollten Zweiachser genügen (Nr. 8 und 9). Die von Plattform zu Plattform 6,48 m langen Wagen hatten an den Stirnseiten jeweils eine Plattform, auf der sich zum Wageninneren eine Stirnwandtür öffnen ließ, und an den Längsseiten eine Schiebetür für die Gepäckstücke. Die beiden Zugführerwagen besaßen zusätzlich eine Handbremse. Der Wagen Nr. 8 erhielt noch Laufbretter und Handstangen, so daß das Einsteigen durch die Ladetür etwas leichter wurde. Die Wagen Nr. 8 und 9 besaßen auch die Einrichtungen für den Fahrkartenverkauf, schließlich sah die ZOJE generell den Fahrkartenverkauf am Zuge vor. In den Wagen Nr. 9 kam noch ein Postraum.

Mit der Anzahl der Personenwagen hatte sich die ZOJE vertan. Mehr Personen benutzten die Züge als ursprünglich erwartet. So mußte nachgekauft werden, im Jahre 1891 bezog die Bahn 5 weitere Wagen, nicht aus Köln sondern aus der näher liegenden Waggonfabrik in Görlitz.

Der Bedarf an Güterwagen schien nicht so falsch geschätzt, denn es wurden nur 5 Wagen nachbestellt, so daß die ZOJE 6 »bedeckte« Güterwagen, 14 offene und 2 Wagen für Langholz, hauptsäch-

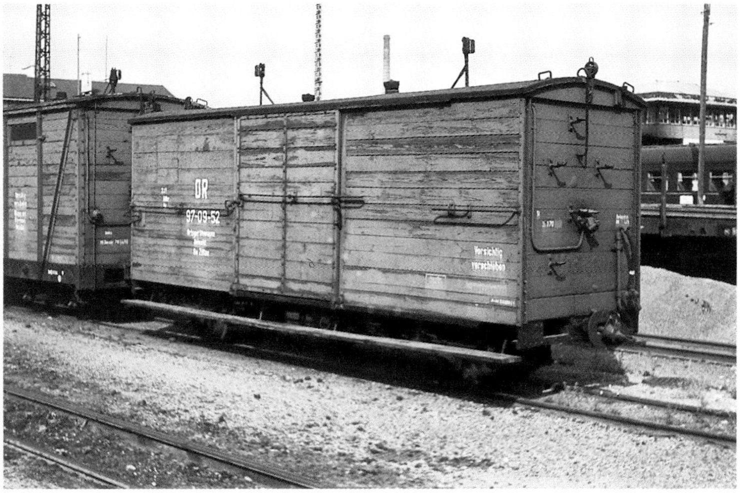

Zweiachsiger Zugführerwagen als »Ortsgerätewagen« im Hilfszug auf dem Gleis 20 in Zittau (1969). Der grün lackierte Wagen trägt noch die Trichterkupplung. Foto: R. Preuß

Zweiachsiger offener Güterwagen Nr. 214 mit einer Stütze für das Seil der Heberleinbremse vor der Auslieferung (1891).
Foto: AG für Fabrikation von Eisenbahnmaterial in Görlitz

lich kleine Fahrzeuge mit je 2 Achsen, im Bestand hatte. Einige der Güterwagen wurden an den Tagen, an denen auf die ZOJE starker Ausflugsverkehr zukam, für die Reisendenbeförderung eingesetzt. Bei anderen, unbedeutenden Bahnen, kannte man das auch. Die Waggonfabriken lieferten sogenannte Fakultativwagen, die je nach Bedarf hergerichtet wurden. Hier aber empörte man sich. Wie schon erwähnt, in Zittau war das auch bei den sächsischen Staatseisenbahnen stets unter Kritik stehende Praxis. »Einrichtungen für den Personentransport« erhielten die Wagen Nr. 201 bis 205, die zum Schutz vor Zugluft oder gar Regen aus einem Aufsatz mit Spiegel und losen Segeltuchplanen bestanden.

Die Güterwagen Nr. 101 bis 104 waren mit Laufbrettern und Handstangen ausgestattet, weil sie auch als Zugführerwagen benutzt werden sollten. Der in Görlitz hergestellte Wagen Nr. 106 besaß eine doppelte Verschalung, Ölbeleuchtung und zusätzlich zur Heberleinbremse eine Handbremse. Als Güterwagen fehlten bei ihm die Plattformen, er hatte aber an der Seite Schiebetüren und kleine Fenster sowie Laufbretter und Handstangen, weil er wahlweise für die Güterbeförderung wie als Zugführerwagen vorgesehen war.

Erst 1897 stellte sich die ZOJE auf den Rollbockbetrieb ein, so daß normalspurige Güterwagen mit Schmalspurzügen mitgenommen werden konn-

Wagen DR 970-275 (Traglastenwagen) bei Zittau Süd (1979).
Foto: R. Preuß

Wagen DR 970-240 In Kurort Oybin (1976).
Foto: R. Preuß

ten. Dafür entfiel die Umladung in Zittau. Die Wagen wurden in Zittau in der Rollbockgrube aufgebockt, jeweils 1 Normalspurachse auf die Tragklaue eines Rollbocks. Die Firma Werner & Co., die in Nähe des Neiße-Viadukts ihre Fabrik mit einem Gleisanschluß hatte, kaufte selbst vier Rollböcke in Görlitz. Die ZOJE besaß nur zwei.

Mit der Übernahme der ZOJE durch den Staat kamen nach Zittau solche Fahrzeuge der Staatseisenbahnen, die auf der Staatsbahnstrecke nach Hermsdorf sowieso schon im Einsatz waren, wie auch Wagen der ZOJE auf andere Staatsbahnstrecken übergingen. Das Dekret zur ZOJE hatte ja bestimmt, daß die von der ZOJE beschafften Fahr-

Der Einheitswagen, DR 970-454, in Kurort Oybin (1976). Foto: R. Preuß

betriebsmittel denen der Staatsbahnen gleichen. Die zwei vierachsigen Personenwagen Nr. 20 und 21 fielen insofern auf, daß sie – für die Staatsbahnen untypisch – ohne Oberlichtfenster auskamen. Der Wagen Nr. 20 (DR 970-314) war zwischenzeitlich in Oberwiesenthal und in Mügeln (b Oschatz) und fährt heute wieder auf der Zittauer Schmalspurstrecke. Die Staatsbahnen ließen in die vierachsigen Personenwagen der ZOJE Toiletten einbauen, stuften die Wagen um 1 Klasse herab (z. B. III. Klasse wurde IV.).

Seit der Wende vom 19. zum 20. Jahrhundert ließen die sächsischen Staatsbahnen und später die Deutsche Reichsbahn für den Personenverkehr der Schmalspurstrecken Wagen bauen, die einen gewissen Komfort aufwiesen. Zwar waren die Traglastenwagen noch einfach – immerhin ließen sich mit ihnen gut die Wintersportgeräte transportieren – die anderen Wagen bis zum sogenannten Einheitswagen , der bis 1930 gebaut wurde, waren jedoch so bequem ausgestattet, wie heute keiner mehr auf einer deutschen Schmalspurbahn zu finden ist. Breite, herablaßbare Fenster erlaubten eine gute Sicht auf die Landschaft. Jeder Wagen war mit Schiebetüren durch einen Zwischenraum, von dem aus die Toilette betreten werden konnte, in zwei Abteile gegliedert. Hohe Trennwände mit Gepäckablagen schützten vor Zugluft und Blicken. Die Sitze (2 + 1) waren so angeordnet, daß zwei gegenüberliegende Bänke vor einem Fenster standen, heute keine Selbstverständlichkeit. Bei Andrang konnte an der 2er Bank ein Klappsitz hochgezogen werden, so daß drei Personen immer noch bequem Sitzplatz fanden. Die Züge fuhren grundsätzlich mit 2. und 3. Klasse (ab 1955 unbenannt in 1. und 2. Klasse; die neue 1. Klasse wurde ab 1956 sukzessive von der DR abgeschafft).

Auch die neuen Zugführerwagen, die zugleich als Gepäckwagen mit wechselnden Gattungsbezeichnungen (P, Pw, D) fuhren, erhielten eine mo-

Als Zugführer- und Begleiterwagen bei Güterzügen vorgesehen, DR 974-104, 1976 in Kurort Oybin. Nicht selten wurde diese Wagenart auch bei Personenzügen eingesetzt. Foto: R. Preuß

derne Ausstattung. Dabei unterschieden sich zwei Typen von Fahrzeugen: der Gepäckwagen der Baujahre 1901 ... 1923 mit einer Länge über Kupplung von 11,40 m und der 13,52 m lange Gepäckwagen der Einheitsbauart (Baujahr 1930). Der erste Typ wurde in Zittau überwiegend als Begleiterwagen bei Güterzügen, seltener bei Personenzügen, der neuere Typ ausschließlich bei Personenzügen eingesetzt. Beide sind Plattformwagen mit seitlichen Schiebetüren, die einen großen Laderaum und Toilette sowie ein separates Abteil für den Zugführer besitzen. Die Fahrzeuge hatten neben der modernen Dampfheizung auch einen Ofen, so daß das Personal bei längeren Aufenthalten ohne Lokomotive oder, wenn der Wagen am Schluß des Güterzuges eingestellt war, den Raum selbst beheizen konnte.

1922 löste die Körtingsche Saugluftbremse die Heberleinbremse ab. Das neue Bremssystem wirkte wieder durchgehend und selbsttätig. Der Lokomotivführer bediente mit dem Führerbremsventil feinstufig die Bremsen an den Fahrzeugen. Bei der Saugluftbremse besaßen die Wagen Bremszylinder und Hilfsluftbehälter, die über Kupplungsschläuche von Wagen zu Wagen mit der Lokomotive verbunden waren. Der Dampfstrahlsauger an der Lokomotive erzeugte in der großen Kammer des Bremsventils einen Unterdruck von 520 Torr für den ungebremsten Zustand. Bei der Betriebsbremsung wurde mit Luft aus der Umwelt in die kleine Unterkammer des Bremszylinder gelassen, der Überdruck hob den Kolben in die Oberkammer, und das mit der Kolbenstange verbundene Gestänge ließ die Bremsklötze an die Radreifen anlegen. Bei der Notbrem-

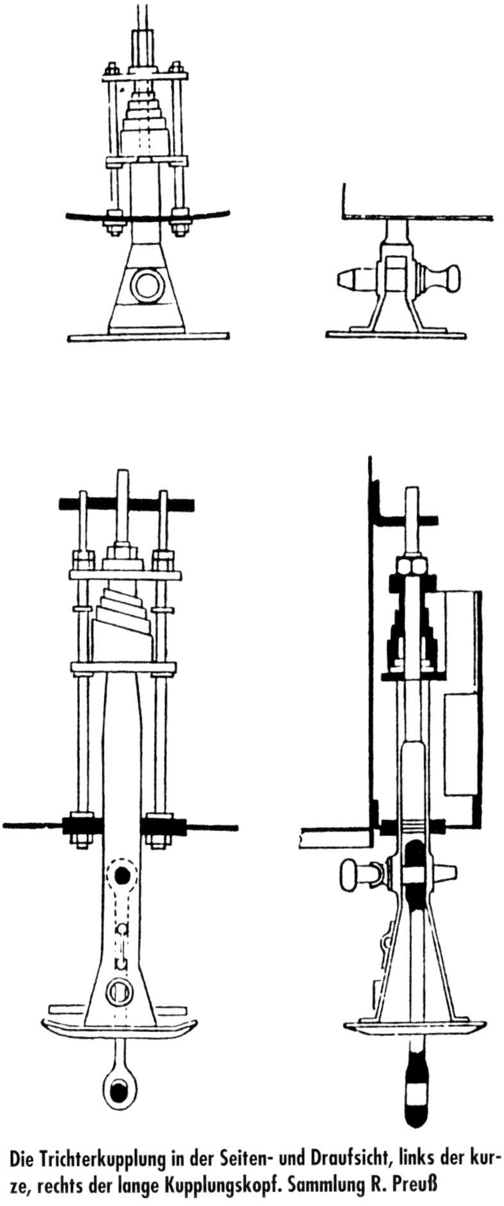

Die Trichterkupplung in der Seiten- und Draufsicht, links der kurze, rechts der lange Kupplungskopf. Sammlung R. Preuß

sung strömte die Normalluft schlagartig in die Leitung und bewirkte die Zerstörung des Vakuums im Bremsventil. Es kam zu einem raschen, aber ruckfreien Anlegen der Bremsklötze an die Radreifen. Zeiger am Untergestell der Wagen zeigten die Bremsstellungen, so daß das Personal bei Bremsproben die Bremsstellung leicht erkannte.

Weil Ersatzteile fehlten, rüstete die DR die Wagen auf die Druckluftbremse KE (Körting Einheitsbremse) um, wie sie bei der Normalspur benutzt wird. Dazu gehörten auch die Hauptluftleitung und die Schlauchkupplungen. Nun löst die von der Lokomotive erzeugte Druckluft von 5 kp/cm^2 die Bremsklötzer, Normalluft führt zur Bremsung – sehr vereinfacht dargestellt. Die Druckluftbremsen sind in Zittau am 25. Mai 1993 eingeführt worden.

1932 kam in Zittau die elektrische Zugbeleuchtung auf. Der dampfbetriebene Turbodynamo auf der Lokomotive erzeugt die Gleichspannung von 85 V, die eine Kupplung von Wagen zu Wagen überträgt. Sind die Wagen nicht mit der Lokomotive verbunden, spendet ein Akkumulator im Gepäckwagen den Strom.

Als Hauptkupplung verwendeten die sächsischen Staatseisenbahnen wie die ZOJE die Trichterkupplung, die als Mittelpufferkupplung einen langen und einen kurzen Kopf besaß und sich dank der oval geformten Pufferscheibe und des mittigen Ausschnitts für enge Gleisradien eignete. Die Fahrzeuge mußten einheitlich ausgerichtet sein, der lange Kopf zeigte nach Zittau. Die richtige Stellung zeigte am Wagen ein Pfeil an. Die Wagen mit dieser Kupplung zu verbinden, war für das Personal nicht ungefährlich, mußte doch beim Zusammentreffen der Pufferköpfe das Zugeisen in den langen Puffer eingeführt und noch ein Kupplungsbolzen eingesteckt werden. Am 28. August 1933 fuhren in Zittau erstmals Züge mit der halbautomatischen Scharfenbergkupplung, die heute noch benutzt wird. Sie ist ebenfalls eine Mittelpufferkupplung und wirkt automatisch beim Kuppeln, beim Entkuppeln muß ein Hebel gezogen werden. Rollfahrzeuge erhielten keine Scharfenbergkupplung, sie wurden mit Stangen – Kuppelbäume genannt – untereinander und mit der Lokomotive verbunden. Da die Lokomotive und der Zugführerwagen (Packwagen) mit dem Kopf der Scharfenbergkupplung ausgerüstet waren, mußten Hilfsköpfe aufgesetzt werden. Stecker an der Lokomotive und am Packwagen verhinderten, daß bei Kurvenfahrten der Kuppelbaum die sonst starre Scharfenbergkupplung seitlich herausdrückte.

Zwischen den beiden Weltkriegen tat die Reichsbahndirektion Dresden viel für ihre Schmalspurbahnen und führte 1934 in Zittau die Niederdruckum-

Kupplungen an einem Personenwagen: links der Schlauch der Saugluftbremsleitung, darunter der Kopf der Scharfenbergkupplung, darüber die Steckdose für die elektrische Leitung und daneben die Kuppelstelle für die Dampfleitung (1977). Foto: R. Preuß

Der lange Kopf der Trichterkupplung an einem gedeckten Wagen in Zittau. Links der Kupplungsschlauch für die Saugluftbremsleitung, daneben die Kupplungsdose für die durchgehende elektrische Leitung und das Handrad der Feststellbremse.

laufheizung ein, die Ofenheizung diente aus. Der Dampf strömt von der Lokomotive mittels Heizkupplungen bis zum letzten Wagen und wird in einem Kreislauf des Wagens weitgehend ausgenutzt. Nur das Niederschlagswasser entweicht. Nach oben gebogene Schlauchverbindungen zwischen den niedrigen Wagen schützten die Heizkupplungen davor, durch den Schnee geschleift zu werden. Jetzt werden normale Pintschkupplungen verwendet.

Am 28. August 1933 fuhr erstmals ein Wagen ohne Dach und ohne hohe Wände. Er war jedoch kein Provisorium wie zwei Jahrzehnte zuvor. Der dunkelgrüne Wagen trug Tafeln mit dem Hinweis »Aussichtswagen. Benutzung jedem Fahrgast freigestellt.« Attraktiv sollte bei schönem Wetter die Fahrt mit der Schmalspurbahn sein. 1955 wurde wieder ein Aussichtswagen, nun im rot-gelben Anstrich, eingesetzt. Doch damals fehlte Steinkohle, wegen der Brikettfeuerung begleitete die Züge ein langer Funkenregen. Deshalb konnte der Wagen sinnvoll nur am Schluß des Zuges eingestellt werden. Das Rangieren am Endbahnhof war den Eisenbahnern lästig, und so wurde der Wagen an eine andere Schmalspurbahn abgegeben. Leider fahren die Aussichtswagen nur noch in Sonderzügen, und mit großem Zuspruch. Zittau hat keinen solchen Wagen.

Seit 1969 veränderte die DR die Schmalspurwagen und nannte das »Modernisierung«. Dabei wurde alles beseitigt, was bei der Wartung und Instandhaltung störte, oder wo es Beschaffungsprobleme gab. Weil Einheitsfenster, die sich nur noch über eine Lüftungsklappe spaltbreit öffnen lassen,

»Zur Benutzung jedem freigestellt« - ein offener Aussichtswagen in Kurort Oybin (1933). Foto: Sammlung Bauer

und Stahlrohrstühle nicht mehr auf den Grundriß des Fahrzeuges paßten, standen die Sitze nicht immer an den Fenstern. Auf Armlehnen wurde verzichtet. Zwischen- und Scheidewände sowie die inneren Schiebetüren entfernte man. 1981 wurde der erste »modernisierte« Gepäckwagen ausgeliefert. Zum Laderaum sind anstelle der Schiebetüren nun Falttüren montiert. Die Batteriekästen sind nicht mehr über die Ladefläche, sondern von außen, von der Wagenseitenwand aus zugänglich. Als Plattform verblieb nur noch eine auf der Dienstabteilseite.[45]

1993 bot das Reichsbahnausbesserungswerk Halberstadt der Reichsbahndirektion Dresden an, einen alten Schmalspurwagen nach neuen Grundsätzen umzubauen und setzte ihn dann auf der Zittauer Schmalspurbahn ein. Der Wagen 970-267 (Baujahr 1914), Gattung KB4tr, behielt grundsätzlich sein altes Aussehen, wenn auch die Lackierung in Grün und Ocker und das Eigentumsmerkmal deutlich von den anderen Fahrzeugen abwichen. Die blechverkleideten Holzseitenwände wurden durch selbsttragende in Stahlausführung ersetzt. Anstelle des Holzfußbodens kam eine Blechkonstruktion, auf die wasserfest verleimte Sperrholzplatten und ein Fußbodenbelag aufgebracht wurden. Die Fallfenster mit dem Riemen wurden durch gleichgroße Übersetzfenster ausgetauscht und die von der DR eingebauten kunstlederbezogenen Sitzbänke durch Einzelsitze mit Wollmisch-Velours-Bezügen im gedeckten Grünton ersetzt. Der Wagen erhielt statt bisher 42 nur noch 36 Sitzplätze. Nicht mehr Glühlampen (40 W/85 V), sondern 9 Leuchtröhren (18 W) erhellen den Fahrgastraum. Anstelle des Trocken-Aborts wurde als Kompakt-WC ein geschlossenes Toilettensystem mit Druck-Vakuum-System eingebaut. In der Toilette ist ein Nirosta-Waschbecken vorhanden. Auf Wunsch der Rbd Dresden wurde die Toilette wieder als offene zurückgebaut. Das Fahrzeug kam von Zittau nach Radebeul Ost, und es blieb beim Einzelstück.

Das soll modern sein - feststehende Fenster mit schmalen Lüftungsklappen, bei Olbersdorf Oberdorf (1995). Foto: R. Preuß

Schneepflug DR 97-10-00 im Winter 1963 (Zittau Süd). Foto: R. Preuß

Kleinwagen der Bahnmeisterei Zittau, abgestellt auf Gleis 19 in Zittau (1964). Foto: R. Preuß

Mit einfachen Mitteln rüstete die Bahnmeisterei Zittau den offenen Güterwagen 97-10-16 zum Schotterselbstentladewagen um (Zittau 1970). Foto: R. Preuß

Die Dreieckkupplung und der Mittelpuffer zeigen es: Dieser Schotterselbstentladewagen kam von einer nichtsächsischen Bahn nach Zittau (1995). Foto: R. Preuß

Die Schmalspurfahrzeuge der K. Sächs. Sts. E. B. und der DR in Zittau unterschieden sich nicht von denen der anderen sächsischen Schmalspurstrecken. Einmalig war später ein selten eingesetztes Schneeräumfahrzeug. Nur an einer Seite des offenen Wagens hing das Schar, und der Wagen war mit Ballast gefüllt. Schotterwagen hatte die Bahnmeisterei Zittau als Eigenbau hergestellt, später kamen graue Fahrzeuge für den gleichen Zweck von einer Werkbahn. Eine große Rolle spielten im Güterverkehr die Rollfahrzeuge. 1922 wurde zusätzlich neben zwei Rollbockgruben eine Anlage für Rollwagen gebaut. Die Rbd Dresden sah sich seinerzeit außerstande, sofort den Bedarf an Rollwagen zu decken. So wurde ein Teil des Gutes weiterhin in Zittau – am sogenannten Reichenauer Boden – umgeladen und die Rollböcke überwiegend für die Strecke Zittau Hermsdorf i. B. verwendet. Die Zittauer Rollwagen besaßen auch die Saugluftbremse Körting und als Feststellbremse eine Handbremse.

Abkürzungsverzeichnis

Büstra	Bahnübergangsstraßensicherungsanlagen
DB AG	Deutsche Bahn AG (ab 1994)
DDR	Deutsch Demokratische Republik (1949–1990)
DR	Deutsche Reichsbahn (1920–1993)
IV	Interessenverband der Zittauer Schmalspurbahn e. V.
K. Sächs. Sts. E. B.	Königlich Sächsische Staatseisenbahnen (ab 1918 bis 1920 nur Sächsische Staatseisnbahnen)
LKM	Lokomotivbau »Karl Marx«, Babelsberg
NN	Normalnull (für Sachsen über der Ostseehöhe)
O & K	Orenstein & Koppel, Drewitz
Raw	Reichsbahnausbesserungswerk
Schw	Berliner Maschinenbau-Aktien-Gesellschaft vormals L. Schwartzkopff
SMF	Sächische Maschinenfabrik, vormals Rich. Hartmann, Chemnitz
SOEG	Sächisch-Oberlausitzer Eisenbahngesellschaft
VEB	Volkseigener Betrieb (Begriff für enteigneter, verstaatlichter Betrieb in der DDR)
ZOJE	Zittau-Oybin-Jonsdorfer Eisenbahn

Quellenverzeichnis

Zeitungen und Zeitschriften sind mit (*) gekennzeichnet.

[1] Bilder aus der südlichen Oberlausitz, Zittau 1935

[2] Herbert Bauer, Reverenz für eine kleine Bahn, Zittau 1988, S. 8 ff

[3] ebenda S. 69

[4] ebenda S. 47, S. 58

[5] Oberlausitzer Hausbuch, Bautzen 1998, S. 77 ff

[6] ebenda S. 85

[7] Zittauer Nachrichten und Anzeiger, Zittau 1889 und 1924 (*)

[8] Der Gebirgsfreund, Zittau 1890 (*)

[9] Zittauer Morgen-Zeitung, Zittau 1890 (*)

[10] ebenda 1909

[11] Der Civilingenieur (1895), S. 275 ff

[12] Statistischer Bericht über den Betrieb der unter königlich sächsischer Staatsverwaltung stehenden Staats- und Privat-Eisenbahnen, Dresden 1897, S. 67

[13] ebenda, 1906, S. 160

[14] ebenda 1890, S. 29

[15] Ferdinand Hesse, Die Reise des Königs - Friedrich August von Sachsen in der Oberlausitz, Zittau 1905

[16] Herbert Bauer, Als der König Friedrich August III. von Sachsen im Jahre 1905 mit der Schmalspurbahn nach Oybin fuhr, IV der Zittauer Schmalspurbahnen e. V., Oybin 1995

[17] Dekret Nr. 20 in Landtags-Akten von den Jahren 1905/06. Königliche Dekrete nebst Anfugen. Dritter Band. S. 449 ff

[18] Gerd Kleinlevers, Pioniere des Verkehrs, Frankfurt/Main 1985, S. 888

[19] Bericht II. Kammer des sächsischen Landtags am 7.12.1887, S. 160 ff

[20] Dekrete an die Stände [des sächsischen Landtags], III. Band (1910) S. 1 ff

[21] Herbert Bauer, Unruhige Zeiten, IV der Zittauer Schmalspurbahnen e. V., Oybin 1995, S. 30

[22] ebenda S. 24

[23] Sächsische Zeitung, Ausgabe Zittau, 2.11.1990 (*)

[24] ebenda, 12.4.1989 und 16.8.1989

[25] ebenda, 15.2.1996

[26] ebenda, 14.3.1996

[27] ebenda, 4.2.99

[28] ebenda, 24.3.1995

[29] Neues Deutschland vom 3./4.3.1990 (*)

[30] Im Blickpunkt, Rbd Cottbus 1/1991 (*)

[31] Herbert Bauer, Der Bahnhof Zittau Schießhaus/Süd, IV der Zittauer Schmalspurbahnen e. V., Oybin 1997, S. 36 ff

[32] Ledig, Ulbricht, Die schmalspurigen Staatseisenbahnen im Königreiche Sachsen, Leipzig 1895, S. 31

[33] Centralblatt für das Deutsche Reich, 14.6.18878, S. 348

[34] transpress Lexikon Eisenbahn, Berlin 1971, S. 110

[35] Herbert Bauer, Die Lokomotivenstation Bertsdorf, IV der Zittauer Schmalspurbahnen e. V., Oybin 1997, S. 22

[36] Gerhard Moll, Reiner Scheffler, Die sächsische IV K, Freiburg 1992, S. 66 ff

[37] Herbert Bauer, Unruhige Zeiten, IB ZSB Oybin 1995, S. 30

[38] Eisenbahn-Kurier 7/1994, S. 48 (*)

[39] Die Museums-Eisenbahn, 4/1992, S. 13 (*)

[40] Lok-Report, 3-4/1992 (*)

[41] Wolfgang Valtin, Verzeichnis aller Lokomotiven und Triebwagen 3, transpress Berlin 1992, S. 421

[42] Heinz R. Kurz, Die Triebwagen der Reichsbahn-Bauarten, Freiburg 1995, S. 423 ff

[43] Der Modelleisenbahner [Berlin] 4/1982, S. 98 ff (*)

[44] Betriebsbuch zum DR VT 137 600

[45] Schienenfahrzeuge, Berlin 1987, H. 3, S. 152 (*)

Wir schreiben über mehr als Dampf !

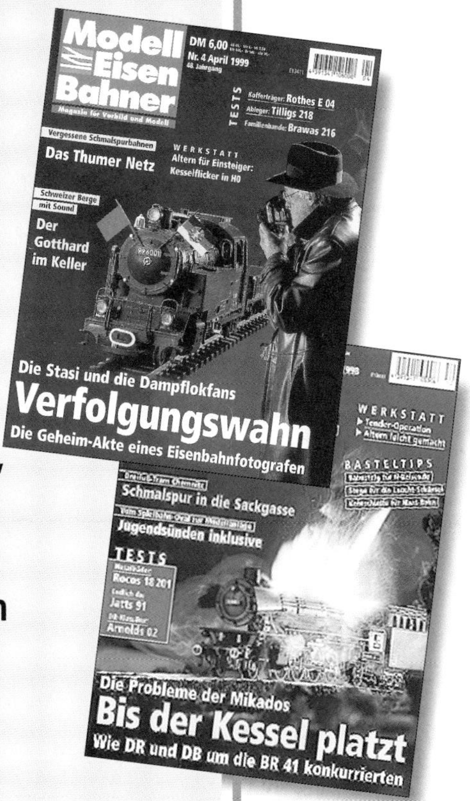

Spannende Abenteuer mit der Eisenbahn, computergesteuerte Modellbahn-Tests, originelle Werkstatt-Tips, einmalige Fotos, Geschichten von Menschen und Maschinen – bei uns finden Sie alles, was Modell und Vorbild an Faszination bieten.

Überzeugen Sie sich selbst! Wir schicken Ihnen gern ein kostenloses Probeheft zum Schnuppern.

Also gleich anfordern – per Postkarte, per Fax oder telefonisch.

MODELLEISENBAHNER
MEB-Verlag GmbH
Postfach 103743, D-70032 Stuttgart
Telefon (0711) 2108075
Fax (0711) 2108074

Rollendes Museum

Michael U. Kratzsch-Leichsenring
Die Dampflok im Bahnbetriebswerk
Die »Heimat der Dampfloks« war das Bahnbetriebswerk. Dort wurden die Maschinen mit Wasser und Kohle versorgt, der Kessel ausgewaschen und die Rauchkammer gesäubert. Reparaturen zählten ebenso zum Alltag wie Fristuntersuchungen. Dieses Buch schildert den Alltag im Dampflok-Bw mit seinen vielfältigen Aufgaben.

112 Seiten, 122 Bilder, davon 17 in Farbe, 17 Zeichn.
Bestell-Nr. 71096 **DM 29,80**

Horst Regling
Die Wriezener Bahn
1998 jährt sich zum hundersten Mal die Inbetriebnahme der Linie von Berlin über Werneuchen in die Hauptstadt des Oderbruchs Wriezen. Von der Königlich Preußischen Eisenbahnverwahltung konzipiert, erlebte die Strecke ein wechselvolles Schicksal. Dieser Band der Reihe »Verkehrsgeschichte« beschreibt die Geschichte, die Gegenwart und die Zukunft der »Sandkastenbahn«.

128 Seiten, 131 Bilder, davon 15 in Farbe
Bestell-Nr. 71074 **DM 29,80**

Harald Zeh
Die Eisenbahn im Gaswerk Stuttgart
Jeder Schwabe kennt den »Gaisburger Marsch«, den Eintopf aus Kartoffeln, Spätzle und Siedfleisch. Die Eisenbahn im Gaisburger Gaswerk kennen indes nur wenige. Sie ist eine der Industrieanschlußbahnen, die vor rund 100 Jahren überall im Reich entstanden. Bis in die 70er dampften in Gaisburg die beiden letzten württembergischen Länderbahnloks in Deutschland.

128 Seiten, 120 Bilder, davon 20 in Farbe
Bestell-Nr. 71108 **DM 29,80**

Wolf-Dietger Machel
Die Mecklenburg-Pommersche Schmalspurbahn
Die größte 600-Millimeter-Bahn Deutschlands. 27 Lokomotiven, 34 Reisezugwagen und etwa 750 Güterwagen rollten über die 200 Kilometer lange Strecke. Auf ihre Drehscheiben und Rundlokschuppen wäre manche Normalspurbahn stolz gewesen. Die DR hatte für die MPSB jedoch nichts übrig – sie stellte die Linie 1969 ein.

136 Seiten, 96 Bilder, davon 11 in Farbe, 59 Zeichn.
Bestell-Nr. 71053 **DM 29,80**

Erich Preuß
Die Bayerische Zugspitzbahn
Die Bayerische Zugspitzbahn ist ein Zwerg unter den Schmalspurbahnen. Trotzdem läßt sie manche Magistrale alt aussehen. Die Superlative der 1004-Millimeter-Bahn: Sie ist die letzte Großzahnradbahn der Welt und erschließt den mit 2963 Metern höchsten Alpengipfel in Deutschland. Zudem beschert sie ihren Betreibern Jahr für Jahr kräftige Gewinne.

112 Seiten, 104 Bilder, davon 21 in Farbe
Bestell-Nr. 71054 **DM 29,80**

Stand Juli 1999 – Änderungen in Preis und Lieferfähigkeit vorbehalten

trans press

IHR VERLAG FÜR EISENBAHN-BÜCHER

Postfach 10 37 43 · 70032 Stuttgart
Telefon (0711) 2108065
Telefax (0711) 2108070